ORACIÓN Y AYUNO

ORACIÓN Y AYUNO

Dr. Kingsley A. Fletcher

WHITAKER
HOUSE

ORACIÓN Y AYUNO
Publicado originalmente bajo el titulo de **PRAYER & FASTING**

ISBN-13: 978-1-60374-015-9
ISBN-10: 1-60374-015-5
Impreso en los Estados Unidos de América
© 1994 por Dr. Kingsley A. Fletcher

Whitaker House
1030 Hunt Valley Circle
New Kensington, PA 15068
www.whitakerhouse.com

**The Library of Congress has cataloged the trade paperback
edition as follows:**

Fletcher, Kingsley A.
[Prayer & fasting. Spanish]
Oración y ayuno / Kingsley A. Fletcher.
p.   cm.
Summary: "Explains principles for effective fasting while
examining the role and benefits of fasting in the prayer lives of
Christians"—Provided by publisher.
Includes bibliographical references and index.
ISBN-13: 978-0-88368-878-6 (trade pbk. : alk. paper)
ISBN-10: 0-88368-878-6 (trade pbk. : alk. paper)   1. Prayer—
Christianity. 2. Fasting—Religious aspects—Christianity. 3.
Prayer—Biblical teaching. 4. Fasting—Biblical teaching. I. Title.
BV210.3.F5718 2006
248.4'7—dc22   2006024634

1 2 3 4 5 6 7 8 9 10 11 **LU** 14 13 12 11 10 09 08 07

Dedicatoria

Dedico este libro a la Iglesia del Señor Jesucristo y a una generación nueva y moderna que no ha tenido el privilegio de ser enseñada en los principios bíblicos del ayuno y oración.

En este tiempo de cambio global, que el viento que está soplando por todo el mundo visite a esta presente generación y a las generaciones por venir con un retornar a la verdadera oración y ayuno. Que el fuego de Dios vuelva a visitar a la Iglesia y que el deseo de la Iglesia sea reincidido para retomar este olvidado y descuidado principio.

Que los líderes de esta nueva generación restauren el verdadero propósito de la espiritualidad en nuestras naciones, a través de la oración y el ayuno, hasta que el mundo entero sepa que Jesús es el Rey y Señor sobre toda la tierra.

Que la dedicatoria de este libro sea un saludo a los relativamente desconocidos líderes espirituales del tercer mundo, cuyos esfuerzos y dedicación en oración y ayuno han parado el avance de demonios ocultos en sus respectivas naciones. Estos son hombres y mujeres a quienes los medios de comunicación quizá nunca harán referencia, o jamás sean entrevistados por un reportero, y tal vez nunca tengan sus mensajes dentro de una publicación.

Yo dedico esto a todos aquellos que tienen el deseo de ver la gloria de Dios revelada en la Iglesia y por todas las naciones del mundo. Que Su Reino venga y Su voluntad sea hecha en la tierra.

RECONOCIMIENTOS

Mi sincera gratitud a Jacob y Esther Victoria, mis padres y mentores, por lo que sembraron y la enseñanza que me dieron durante mi juventud. No lo habría logrado sin su piadoso soporte.

Quisiera agradecer a los pastores asociados, ministros, personal y cuerpo de Miracle Life Christian Center por su amor, ánimo diario y madurez en permitirme alcanzar el plan de Dios para mi vida.

Quiero agradecer a uno de mis mejores amigos, el Dr. Myles Munroe por animarme a poner este mensaje en un libro y ponerlo así al alcance del mundo.

Más que todo, quiero agradecer al Señor por Su gracia que abunda hacia nosotros.

Índice

Cuando llegaron a la multitud, se le acercó un hombre, que arrodillándose delante de El, dijo: Señor, ten misericordia de mi hijo, porque es epiléptico y está muy enfermo, porque muchas veces cae en el fuego y muchas en el agua. Y lo traje a tus discípulos y ellos no pudieron curarlo.

Respondiendo Jesús, dijo: ¡Oh generación incrédula y perversa! ¿Hasta cuándo estaré con vosotros? ¿Hasta cuándo os tendré que soportar? Traédmelo acá. Y Jesús lo reprendió y el demonio salió de él, y el muchacho quedó curado desde aquel momento.

Entonces los discípulos, llegándose a Jesús en privado, dijeron: ¿Por qué nosotros no pudimos expulsarlo?

Y El les dijo: Por vuestra poca fe; porque en verdad os digo que si tenéis fe como un grano de mostaza, diréis a este monte: "Pásate de aquí allá", y se pasará; y nada os será imposible. Pero esta clase no sale sino con oración y ayuno.

Mateo 17:14–21

INTRODUCCIÓN

La pregunta que los discípulos hicieron a Jesús aquel día era muy lógica: *¿Por qué no pudimos hacerlo? ¿Por qué no pudimos sanar a ese muchacho? ¿Cuál es Tu secreto?* La respuesta de Jesús fue muy clara, y lo que El enseñó a sus discípulos aquel día es para todos los creyentes de todas las épocas.

> *este género no sale sino con oración y ayuno.*   Mateo 17:21

La clase de milagro que este hombre y su hijo necesitaban, esta clase de sanidad, esta clase de liberación no podrá ser llevada a cabo por aquellos que están centrados en sí mismos o son indisciplinados. Solamente aquellos que están deseosos de aprender cómo orar y ayunar efectivamente, y cómo buscar el rostro de Dios, experimentarán el poder de Dios manifestado de esta manera.

Estoy convencido de que una de las razones por la cual la iglesia del siglo veinte no tiene poder es porque ha perdido esta piadosa costumbre de orar y ayunar, y ha sucumbido a los pecados de la glotonería y el egoísmo. Si hemos de ver un avivamiento en estos últimos días, si hemos de derribar los reinos de Satanás, y ver el poder de nuestro Dios prevalecer, aquellos que se llaman a sí mismos «creyentes» deben aprender a crucificar su carne, de manera que su hombre espiritual pueda tener comunión en libertad con nuestro Padre celestial. Y la única manera en que esto se puede alcanzar satisfactoriamente es a través de la oración y el ayuno.

Juntos, examinemos las razones por las que tanta gente ya no ayuna, examinemos la necesidad de orar y ayunar, y examinemos algunos métodos prácticos para orar y ayunar efectivamente. Trasladémonos, paso a paso, a la presencia de Dios, de manera que Su poder puede manifestarse una vez más en tu vida.

Mientras lees estas páginas de *Oración y Ayuno*, no tengas prisa. Tómate el tiempo para asimilar cuidadosamente cada capítulo. Permite que el mensaje del libro entre en tu espíritu. Es simple, pero poderoso. Muchos de tus problemas podrán resolver por retornar a la práctica bíblica de la oración y el ayuno. Tómate el tiempo para aprender bien esta lección.

Que Dios utilice las páginas de este libro (que El ha puesto poderosamente en mi corazón para escribir) para remover TU alma a hacer lo que sea necesario para buscar el rostro de nuestro Padre celestial, mientras pueda ser hallado.

—*Kingsley A. Fletcher*
Research Triangle Park, Carolina del Norte

Parte I

Porqué todavía creo en la oración y el ayuno

Capítulo 1

Mi experiencia personal con La oracion y el ayuno

De cierto, de cierto os digo: El que en mí cree,
las obras que yo hago, él las hará también; y aun
mayores hará, porque yo voy al Padre. Y todo
lo que pidiereis al Padre en mi nombre, lo haré,
para que el Padre sea glorificado en el Hijo. Si
algo pidiereis en mi nombre, yo lo haré.
Juan 14:12–14

¡Qué palabras más poderosas! Al crecer en Africa, creíamos en estas preciosas promesas de Dios, y las experimentábamos en nuestras vidas a diario. Ahora, después que han pasado los años, estoy convencido de que Dios obró tan poderosamente en nuestras vidas debido a nuestra dedicación a una vida de oración y ayuno.

Algunas de mis primeras memorias son de mi padre, tomando una botella de agua, y alejándose de casa, para encontrar un sitio solitario, para buscar el rostro de Dios en un prolongado ayuno y oración. El no iba a un hotel. Prefería un desusado tramo de la playa, donde pudiera pasar algunos días en la presencia de Dios. Cuando volvía, yo podía ve la unción de Dios en su vida.

Mi sobrino Leonard tuvo un serio problema de salud cuando era joven. El tuvo algo así como la epilepsia. Yo estaba allí el día que papá se llevó a Leonard a un lado, y puso sobre él las manos. Dijo: «En el nombre de Jesucristo, sé sano». Desde aquel día, Leonard nunca volvió a sufrir otro ataque, y hoy es un predicador del Evangelio.

Dios también me dio una madre de oración. Ella ora horas cada día desde que yo tengo memoria. La oración es su pan. Desde que ella vive con nosotros, nunca supe de una vez en que ella durmiera toda la noche. Cada noche la escucho orar. A las tres, ella está orando. A las cuatro, ella está orando. A las cinco, ella está orando. Ella siempre está orando.

La dedicación de mis padres a una vida de oración y ayuno me guardó de ir por el camino del mundo, salvó mi vida en muchas ocasiones, y me puso en rumbo directo hacia el ministerio.

Cuando yo tenía tan sólo seis años, fui hospitalizado con una seria herida en el ojo. Era tan grave que estuve en un estado de inconsciencia por tres meses, y tuve que ser alimentado intravenosamente. Los especialistas, uno de Alemania, otro de Inglaterra, y otro de Africa, perdieron toda esperanza de que me recuperara. Uno de ellos dijo a mi madre: «Lo lamento mucho. No hay esperanza para su hijo».

Cuando mi madre escuchó aquel temido veredicto, empezó a caminar por todo el hospital, hablando con Dios e intercediendo a mi favor. Dios le dijo que si ella entraba en un serio período de oración y ayuno, El libraría mi vida. Ella obedeció a Dios, y, milagrosamente, yo me recuperé.

La dedicación de mis padres a una vida de oración y ayuno me guardó de ir por el camino del mundo, salvó mi vida en muchas ocasiones, y me puso en rumbo directo hacia el ministerio.

Cuando yo tenía diez años, me determiné a seguir a Dios, y a vivir una vida ejemplar, como mis padres lo habían hecho antes que yo. A la edad de quince años, era yo uno de siete adolescentes que formaba lo que llamábamos: The Power House Evangelistic Ministries (El ministerio evangelístico «Power House.» Un «Power House» es la planta eléctrica que produce luz para una ciudad entera.) Nuestra meta era ir de villa en villa, ciudad en ciudad, colegio en colegio, llevando a la gente a Cristo.

Muy pronto, después de que formamos aquel grupo, fui guiado a entrar en un período de oración y ayuno de tres días por primera vez. Si Dios podía usar a mis padres, podía usarme a mí. Yo buscaría Su rostros hasta escuchar del Cielo, y hasta que Su toque estuviera sobre mi vida.

Durante aquellos días, asistí a una reunión en la selva, como a tres millas de casa. Allí, me postré sobre mi rostro delante de Dios, y aguardé expectante para conocer la voz de Dios, y obtener instrucciones claras. Desesperadamente necesitaba conocer Su perfecta voluntad para mi vida. Tenía temor de moverme hacia la izquierda o hacia la derecha sin conocer Su deseo. Le dije a Dios que prefería morir antes que vivir sin Su bendición sobre mi vida.

Algunas personas pensarán que tales palabras, pronunciadas por un quiceañero, no son de mucha importancia. Créanme, son muy importantes para Dios. Y, es por esa oración que estoy donde estoy el día de hoy. Dios se me reveló a Sí mismo en aquellos días. Una noche, durante un servicio, tuve una experiencia gloriosa. Mientras orábamos juntos en la iglesia, experimenté lo que se conoce como un trance. En un término pentecostal, «caí bajo el poder de Dios». Durante las próximas tres horas, yo fui tomado por el Espíritu. Otras personas estaban orando alrededor de mí, pero yo no era consciente de lo que ellos hacían o decían. Esa noche yo tuve un encuentro con Dios que cambió mi vida y mi ministerio; vi al Satanás por primera vez, quien realmente es. Fue también durante este encuentro que yo recibí una unción para orar por los enfermos. Desde entonces, tuve un nuevo sentimiento de urgencia, y una nueva sensibilidad al Espíritu de Dios.

Cuando me incorporé, alguien me preguntó: «¿Qué pasó? Estaba usted hablando, pero no pudimos entender lo que estaba experimentando». Yo traté de explicarles, lo mejor que pude, lo que Dios había hecho en aquellas tres horas. Yo había estado en la presencia de Dios, y esta experiencia cambió para siempre el curso de mi vida. De manera que, muy temprano en la vida, yo empecé a darme cuenta del poderoso efecto que la dedicación a la oración y el ayuno tiene en la vida cristiana. Fui testigo de como yugos fueron destruidos, y pesadas cargas fueron deshechas, y las obras del Enemigo se hicieron nada, y todo porque alguien había ayunado y orado y buscado el rostro de Dios.

Mis padres nunca tuvieron temor de Satanás o de sus huestes de demonios. Ellos se dirigieron a él bajo la unción del Espíritu Santo. El los respetaba. Cuando ellos le decían que se fuera, él sólo podía responder: «¡Sí señor! ¡Sí señora!» El no podía resistirse a ellos, y tenía que someterse a su autoridad.

¡No es de maravillarse entonces que Satanás trate de evitar que ayunemos! ¡No es de maravillarse que él nos ofrezca cualquier excusa concebible para la carne! ¡No es de maravillarse que el adormezca al pueblo de Dios! Satanás odia la oración y el ayuno.

Cuando el cristianismo llegó por primera vez a nuestra parte del Africa, no teníamos lujosos lugares donde congregarnos, no habían edificios que nos dieran su cabida. Nos reuníamos al aire libre para cantar alabanzas a Dios. A veces, nos reuníamos y orábamos toda la noche. Durante la noche, podía llover, excepto en el sitio donde estábamos reunidos. Dios nos protegía.

Muchas de nuestras cruzadas al aire libre fueron, de la misma manera, amenazadas por la lluvia. Cuando así sucedía, mandábamos a la lluvia a esperar a que termináramos la reunión, y lo hacía. Teníamos una fe tan simple en Dios, y Él honraba nuestra fe.

Hace algunos años, cuando un grupo de otros americanos fueron conmigo al Africa a las reuniones, ellos vieron una demostración de esta fe en acción. Fuertes lluvias vinieron durante nuestra estadía y amenazaban con interrumpir nuestras actividades al aire libre. El arzobispo a cargo, Benson Idahosa de Nigeria, audazmente declaró nacionalmente, por radio y televisión, que la cruzada no sería suspendida, y que la lluvia no interferiría con lo que Dios deseaba hacer.

Durante la reunión, cojos se levantaron y anduvieron; personas ciegas pudieron ver por primera vez; y otros grandes milagros fueron realizados en el nombre del Señor. Ya estaba lloviendo en las otras partes de la ciudad, pero nosotros habíamos sido salvaguardados de manera que Dios pudiera actuar en la vida de aquella gran multitud de gente que se había congregado. Cuando habíamos pronunciado el «amén» final de la cruzada, la lluvia empezó a caer torrencialmente, y todo el mundo tuvo que correr a buscar donde guarecerse. Esto es típico de los simples milagros que Dios hace en el continente africano, como respuesta a la simple fe de los creyentes africanos.

Los milagros que vimos en el Africa no fueron el resultado de una teología bien cultivada. Teníamos pocos libros de texto. Lo que Dios hizo era el resultado de nuestra dedicación a una vida de buscar el rostro de El y Su voluntad para nuestras vidas.

Cuando leemos Su Palabra, la creemos; y El la hace. Juan 14:12–14 era uno de nuestros pasajes favoritos de la Biblia.

> *De cierto, de cierto os digo: El que en mí cree, las obras que yo hago, él las hará también; y aun mayores hará, porque yo voy al Padre. Y todo lo que pidiereis al Padre en mi nombre, lo haré, para que el Padre sea glorificado en el Hijo. Si algo pidiereis en mi nombre, yo lo haré.* Juan 14:12–14

El capítulo 14 de Juan es comúnmente utilizado en los servicios funerales. Muchos pastores, sin embargo, leen tan sólo la primera parte. Ellos hacen hincapié en las promesas futuras. «Tal vez no entendamos todo hoy», dicen, «pero con el pronto correr del tiempo, nos reuniremos en aquel glorioso lugar. Oh, Señor Dios, prepáranos una morada en la tierra gloriosa».

Jesús dijo:

*No se turbe vuestro corazón; creéis en Dios,
creed también en mí. En la casa de mi Padre
muchas moradas hay; si así no fuera, yo os lo
hubiera dicho; voy, pues, a preparar lugar para
vosotros. Y si me fuere y os preparare lugar,
vendré otra vez, y os tomaré a mí mismo, para
que donde yo estoy, vosotros también estéis.*

Juan 14:1–3

Y aquellas palabras son tan válidas ahora
como cuando El las habló a sus discípulos. Pero
también dijo:

*De cierto, de cierto os digo: El que en mí cree,
las obras que yo hago, él las hará también; y
aun mayores hará, porque yo voy al Padre.*

Juan 14:12

Y esas palabras también son válidas. Si creemos en Jesús, debemos esperar ver los mismos
milagros que El hizo durante Su ministerio.
Hemos de continuar Su ministerio en la tierra.

Jesús estableció la Iglesia, basada en Su poder
de obra milagros. Una iglesia que nunca experi-
menta milagros no es la Iglesia que Jesús estableció. La religión sin lo sobrenatural está muerta.
Dios no ha cambiado, y El todavía desea bende-
cir a Su pueblo. El dijo: «*Aun mayores obras hará,
porque yo voy al Padre*». El prometió «*mayores obras*»,
no obras menores. Debemos esperar recibir «*obras
mayores*».

El dijo:

*Y todo lo que pidiereis al Padre en mi nombre,
lo haré, para que el Padre sea glorificado en
el Hijo.*   Juan 14:13

«¡Todo lo que pidiereis!» Esa es una promesa
poderosa, y yo la creo. Jesús dijo:

Si algo pidiereis en mi nombre, yo lo haré.
                                             Juan 14:14

«¡Si algo pidiereis!» ¡Gloria a Dios! «¡Si algo
pidiereis!» Eso es lo que Dios ha prometido. El
dijo: «yo lo haré». ¿Qué es este «LO»? Este «LO» se
refiere a ese «algo» que pedimos a nuestro Padre
celestial en oración.

En algunas iglesias, los pastores tienen temor
de hablar sobre lo sobrenatural. Esto perturba a
algunas personas. A ellos no les gusta escuchar
sobre liberación y sanidad. Como pastor, no puedo
dejar de predicar sobre estas cosas, sin importar
quien se ofenda. La gente enferma todavía necesita sanidad, abundan aquellos que necesitan liberación, y Dios todavía está a cargo de la sanidad
y la liberación. Si eso ofende a alguien, lo siento,
pero no puedo cambiarlo.

Jesús repitió esta promesa:

*En aquel día no me preguntaréis nada. De
cierto, de cierto os digo, que todo cuanto
pidiereis al Padre en mi nombre, os lo dará.
Hasta ahora nada habéis pedido en mi
nombre; pedid, y recibiréis, para que vuestro
gozo sea cumplido.*   Juan 16:23–24

«*¡Todo cuanto pidiereis!*» ¡Qué poderosas palabras! Eso es lo que Dios ha prometido a aquellos de nosotros que creemos en El. El nos dice que pidamos «*para que nuestro gozo sea cumplido*». El se preocupa por nuestras verdaderas necesidades. El no quiere que estemos sin un gozo completo. El nos manda: «*Pedid*», de manera que nuestro gozo «*sea cumplido*».

Y cuando pedimos, debemos esperar recibir aquel que pedimos. Su promesa es: «*Recibiréis*». ¿Qué recibiremos? «*Todo cuanto*» pedimos en Su nombre. Esta es la promesa de Dios. Nunca debemos sorprendernos cuando Dios obre un milagro por nosotros. Debemos esperar ver las señales y prodigios de Dios en nuestro medio.

Habiendo crecido en la simplicidad de la vida en Africa, nos parecía la cosa más lógica del mundo creer y recibir lo que Dios había prometido. Más tarde en la vida, fui testigo de las tragedias de aquellos que han olvidado orar y ayunar y buscar el rostro de Dios.

Había una sencilla mujer de oración en Africa por quien Dios hizo grandes milagros. Ella nunca asistió a un seminario, y no tenía un título universitario, pero ella era poderosa en Dios. Después que ella pasaba un cierto tiempo en un lugar en oración, la gente enferma que venía a ese lugar era sanada. Los que venían allí con serios problemas eran liberadas.

Cuando llegaron unos misioneros extranjeros, y vieron lo que estaba ocurriendo en la vida de esta mujer, la convencieron de viajar con ellos a Europa y a los Estados Unidos. Ellos hicieron mercancía de su don, utilizándola para recolectar dinero. Pronto su unción especial se fue. Ella gime por aquellos días, pero no vuelvan. Ella olvidó como esperar en Dios en oración y ayuno.

Otro africano que conocíamos vino a los Estados Unidos desde Kenia, donde había sido poderosamente utilizados por Dios. Cuando vino a América, sin embargo, no pasó mucho tiempo antes de que los milagros cesaran en su vida y ministerio. El señuelo de las riquezas le hicieron comprometer su unción. Más tarde le fue difícil aun recordar las poderosas cosas que Dios había hecho por él. Parecían ser nada mas que un sueño muy lejano.

Cuando vino a visitarnos, me sentí guiado a preguntarle si se uniría a mí en un ayuno de tres días. Lo hizo. Al final de este tiempo, me contó lo que le había pasado. Cuando llegó a América, todos le ofrecían comida, y le decían: «Es nuestra costumbre». Cuando él deseaba ayunar, sus hospedadores se oponían, diciendo que sería ofensivo ayunar. «Esto es América», decían. «Goza de nuestra hospitalidad americana. Podrás ayunar en otra ocasión». Y sucedía igual en todo lugar al que iba. No mucho después, él había dejado su hábito de ayunar regularmente, y su unción empezó a desvanecerse.

Ahora, al mirar atrás, me doy cuenta de que podemos mantener una fe simple en Dios y experimentar Sus milagros con regularidad solamente si estamos dedicados a una vida de oración y ayuno. No pasó mucho tiempo, cuando ya él había perdido su costumbre de ayunar regularmente, y su unción comenzó a decaer.

Viendo hacia atrás, me doy cuenta que podemos mantener una fe simple en Dios, y podemos experimentar Sus milagros en forma regular, sólo si estamos dedicados a una vida de ayuno y oración. Esta es la razón a pesar del hecho, de que muchos cristianos han abandonado esta costumbre, **que yo todavía creo en el ayuno y la oración.**

Capítulo 2

Las bases bíblicas para la oracion y el ayuno

*Jesús, lleno del Espíritu Santo, volvió del Jordán,
y fue llevado por el Espíritu al desierto por
cuarenta días, y era tentado por el diablo.
Y no comió nada en aquellos días,
pasados los cuales, tuvo hambre.
Lucas 4:1–2*

Es difícil entender por qué tantos cristianos han abandonado la práctica de la oración y el ayuno. Nada podría estar más claramente enseñado en la Biblia.

Moisés ayunó.

*Y él estuvo allí con Jehová cuarenta días
y cuarenta noches; no comió pan, ni bebió
agua; y escribió en tablas las palabras del*

pacto, los diez mandamientos.

Exodo 34:28

Elías ayunó.

*Se levantó, pues, y comió y bebió; y forta-
lecido con aquella comida caminó cuarenta
días y cuarenta noches hasta Horeb, el monte
de Dios.* 1 Reyes 19:8

Esdras ayunó.

*Se levantó luego Esdras de delante de la casa
de Dios, y se fue a la cámara de Johanán
hijo de Eliasib; e ido allá, no comió pan ni
bebió agua, porque se entristeció a causa del
pecado de los del cautiverio.* Esdras 10:6

Daniel ayunó.

*No comí manjar delicado, ni entró en mi boca
carne ni vino, ni me ungí con ungüento,
hasta que se cumplieron las tres semanas.*

Daniel 10:3

Sé que todos estos hombres vivieron en los
tiempos del Antiguo Testamento; pero el ayuno
continuó en el Nuevo Testamento. Ana ayunó.

*y era viuda hacía ochenta y cuatro años; y no
se apartaba del templo, sirviendo de noche y
de día con ayunos y oraciones.* Lucas 2:37

Cornelio ayunó.

*Entonces Cornelio dijo: Hace cuatro días
que a esta hora yo estaba en ayunas; y a la*

*hora novena, mientras oraba en mi casa, vi
que se puso delante de mí un varón con ves-
tido resplandeciente.* Hechos 10:30

Los líderes de la iglesia primitiva ayunaron.

*Ministrando éstos al Señor, y ayunando, dijo
el Espíritu Santo: Apartadme a Bernabé y a
Saulo para la obra a que los he llamado.*
Hechos 13:2

*Y constituyeron ancianos en cada iglesia, y
habiendo orado con ayunos, los encomenda-
ron al Señor en quien habían creído.*
Hechos 14:23

Pablo ayunó.

*donde estuvo tres días sin ver, y no comió ni
bebió.* Hechos 9:9

Después de que él se convirtió en el camino
a Damasco, Dios guió a Pablo a ayunar tres días
sin comer ni beber. Al final de este tiempo, Dios
reveló a un discípulo llamado Ananías que él
debía ir a ministrar a «*Saulo de Tarso*»; y Saulo,
ahora Pablo, recibió sanidad, y el principio de un
ministerio de milagros que le llevaría por todo el
mundo conocido de entonces haciendo las obras
de Dios. El nunca olvidó la lección de oración y
ayuno y, más tarde, la enseñó a los Corintios, en
su segunda carta, que él había estado «*en muchos
ayunos*» (2 Corintios 11:27).

Debido a que él es el autor de gran parte
del Nuevo Testamento, basamos en el Apóstol

Pablo la mayoría de nuestra teología del Nuevo Testamento. El personalmente fundó muchas de las primeras iglesias y enseñó a sus líderes. Creía fuertemente en la efectividad de la oración y el ayuno, y él mismo los practicaba.

Y, lo más importante de todo, Jesucristo ayunaba.

> *Jesús, lleno del Espíritu Santo, volvió del Jordán, y fue llevado por el Espíritu al desierto por cuarenta días, y era tentado por el diablo. Y no comió nada en aquellos días, pasados los cuales, tuvo hambre.*
>
> Lucas 4:1–2

Jesús era lo suficientemente inteligente para saber que sin el Padre, El no podría hacer nada. El buscaba al Padre en ayuno y oración. El esperaba en la presencia del Padre hasta que El era investido de poder. ¿Cómo podríamos nosotros hacer menos?

Mucha gente cree que es imposible ayunar como Jesús hizo en esta ocasión, por cuarenta días. Ellos piensan que cualquiera que trate de ayunar tan prolongadamente moriría. Pero Jesús no fue la única persona en la Biblia que ayunó por cuarenta días. Moisés y Elías también lo hicieron. Muchas personas lo han hecho en tiempos modernos, y no han muerto. Yo he ayunado cuarenta días, y no morí. Y tú tampoco morirás, si Dios te llama a ayunar extensamente.

El secreto de todos estos hombres y mujeres en la Biblia es que ellos estaban involucrados en los asuntos del Reino de Dios. Cuando te involucras en los asuntos del Reino, olvidas comer a veces. Tienes cosas más importantes en qué pensar. Tú propios deseos se hacen menos importantes para ti.

Todos los grandes reformadores de la iglesia promovieron esta tradición bíblica. Ellos eran gente de oración y ayuno, y aprendieron el secreto de buscar a Dios.

> **Jesús era lo suficientemente inteligente para saber que sin el Padre, El no podría hacer nada. El buscaba al Padre en ayuno y oración.**

Si deseas la bendición de Dios para ti y para tu familia, tú también harás de la oración y el ayuno una parte habitual de tu vida. Ahora que hemos puesto el fundamento bíblico para la oración y el ayuno, descubramos por qué muchos cristianos han abandonado esta práctica, y por qué debemos continuar esta tradición bendita.

PARTE II

PORQUÉ MUCHOS CRISTIANOS YA NO PRACTICAN LA ORACIÓN Y EL AYUNO

Introducción a la parte II

La enseñanza de la oración y el ayuno parece extraña y fuera de lugar en el contexto de nuestros días modernos. En razón de ello, millones de cristianos han perdido el hábito de orar y ayunar, y muchos de nuestros jóvenes creyentes nunca han aprendido a hacerlo. Esta es una tragedia que entristece el corazón de Dios y deleita a nuestro común enemigo.

Dios está entristecido porque El sabe que la oración y el ayuno pueden hacernos poderosos en el Espíritu. Satanás se deleita porque, sin el poder del Espíritu de Dios, nunca podremos pararnos contra él.

¿Por qué una gran mayoría de creyentes han abandonado la práctica de la oración y el ayuno? Examinemos algunas de las causas mayores.

Capítulo 3

La falta de resultados en el pasado

*Clama a voz en cuello, no te detengas; alza
tu voz como trompeta, y anuncia a mi pueblo
su rebelión, y a la casa de Jacob su pecado.
Que me buscan cada día, y quieren saber mis
camino, como gente que hubiese hecho justicia,
y que no hubiese dejado la ley de su Dios; me
piden justos juicios, y quieren acercarse a Dios.
¿Por qué, dicen, ayunamos, y no hiciste caso;
humillamos nuestra almas, y no te diste por
entendido? He aquí que en el día de vuestro
ayuno buscáis vuestro propio gusto, y oprimís a
todos vuestros trabajadores. He aquí que para
contiendas y debates ayunáis, y para herir con el
puño inicuamente; no ayunéis como hoy, para
que vuestra voz sea oída en lo alto. ¿Es tal el
ayuno que yo escogí, que de día aflija el hombre
su alma, que incline su cabeza como junco, y*

*haga cama de cilicio y de ceniza? ¿Llamaréis esto
ayuno, y día agradable a Jehová? ¿No es más
bien el ayuno que yo escogí, desatar las ligaduras
de impiedad, soltar las cargas de opresión, y
dejar ir libres a los quebrantados, y que rompáis
todo yugo? ¿No es que partas tu pan con el
hambriento, y a los pobres errantes albergues en
casa; que cuando veas al desnudo, lo cubras, y
no te escondas de tu hermano? Entonces nacerá
tu luz como el alba, y tu salvación se dejará
ver pronto; e irá tu justicia delante de ti, y la
gloria de Jehová será tu retaguardia. Entonces
invocarás, y te oirá Jehová; clamarás, y dirá
él: Heme aquí. Si quitares de en medio de ti el
yugo, el dedo amenazador, y el hablar vanidad;
y si dieres tu pan al hambriento, y saciares al
alma afligida, en las tinieblas nacerá tu luz, y
tu oscuridad será como el mediodía. Jehová te
pastoreará siempre, y en las sequías saciará tu
alma, y dará vigor a tus huesos; y serás como
huerto de riego, y como manantial de aguas,
cuyas aguas nunca faltan. Y los tuyos edificarán
las ruinas antiguas; los cimientos de generación y
generación levantarás, y serás llamado reparador
de portillos, restaurador de calzadas para habitar.*
Isaías 58:1–12

Algunas personas han abandonado la oración
y el ayuno porque pareciera que no obtuvieran

los resultados deseados. ¿Pero tiene este problema que ver con Dios? ¿No es nuestra propia actitud la que está errada? Cuando tú oras y ayunas y no experimentas una libertad, hay algo en tu vida con lo que se necesita tratar. Tal vez tus motivos para ayunar están errados en primer lugar.

La gente del tiempo de Isaías también ayunaba sin resultados. Se sentían ofendidos, y pidieron a Dios una explicación. ¿Por qué El no estaba respondiendo a Su pueblo y honrando sus sacrificios? De muchas maneras, ellos pueden compararse con la gente de nuestro alrededor hoy en día.

Que me buscan cada día, y quieren saber mis caminos   Versículo 2

Como pueblo, nosotros no conocemos la voluntad de Dios para nuestras vidas.

como gente que hubiese hecho justicia   Versículo 2

Muchos países, como los Estados Unidos, fueron fundados sobre principios piadosos.

y que no hubiese dejado la ley de su Dios   Versículo 2

A pesar de la infiltración de la inmoralidad y el libertinaje en el mismo corazón de nuestra cultura moderna, la mayoría de la gente es todavía muy religiosa.

me piden justos juicios   Versículo 2

ORACIÓN Y AYUNO

Estamos muy preocupados con las injusticias sociales. Estamos en contra del aborto, la pornografía, la eutanasia y la propagación de drogas. Estamos listos a responder, a mostrar nuestros sentimientos con relación a estos importantes aspectos. Deseamos ver cambios positivos en nuestra sociedad.

y quieren acercarse a Dios   Versículo 2

La gente del tiempo de Isaías hasta sintió «*deleite en acercarse a Dios*». Tenían mucho a su favor, mucho por lo cual alabarles. Pero si todo esto es cierto, ¿por qué Dios no escuchaba sus oraciones? ¿Por qué su ayuno no producía resultados visibles? Ellos hicieron a Dios la misma pregunta.

¿Por qué, dicen, ayunamos, y no hiciste caso; humillamos nuestras almas, y no te diste por entendido?   Versículo 3

Esto me suena a una buena pregunta. Esta gente pensaba que estaba sirviendo a Dios. Pensaban que creían Su Palabra. Habían continuado con sus tradiciones religiosas, y trabajaban por la justicia social en su día. Sin embargo, cuando ellos citaban las promesas y ejercían su fe, nada sucedía.

Cuando tú oras y ayunas y no experimentas libertad, hay algo en tu vida que necesita tratarse.

La respuesta que Dios les dio sorprendería a muchos cristianos.

> *He aquí que en el día de vuestro ayuno bus-*
> *cáis vuestro propio gusto, y oprimís a todos*
> *vuestros trabajadores. He aquí que para con-*
> *tiendas y debates ayunáis, y para herir con*
> *el puño inicuamente; no ayunéis como hoy,*
> *para que vuestra voz sea oída en lo alto. ¿Es*
> *tal el ayuno que yo escogí?* Versículos 3-5

Si la gente del tiempo de Isaías se estaban volviendo flacos espiritualmente porque busca-ban placer, nosotros, viviendo en los últimos años del siglo veinte, estamos en serios problemas. Un gran porcentaje de nuestro tiempo, de nuestro esfuerzo, y de nuestro dinero se emplea en cosas que nos brindan placer.

Si la gente del tiempo de Isaías se estaban volviendo flacos espiritualmente porque estaban demasiado enfrascados en sus trabajos, nosotros, viviendo en estos últimos años del siglo veinte, estamos en graves problemas. Para la mayoría de nosotros, nada es más importante que nuestros trabajos NADA.

El placer y el trabajo son las dos razones que la mayoría de cristianos tienen para no ayunar. Tenemos muchas cosas «más importantes» que hacer. Ayunar simplemente está fuera de nuestro itinerario. No hay tiempo para ello. Y esta es la actitud que está impidiendo que muchos tengan respuesta a sus oraciones.

Si Dios no está respondiendo a nuestras oraciones, algo está mal. Nuestra actitud está mal. Nuestro concepto de Dios está errado. Si realmente ponemos a Dios en primer lugar, El nunca dejará de ponernos a nosotros en primer lugar. Pero si le ponemos en tercer lugar, El no está obligado a respondernos cada capricho y deseo vano nuestro. Si divertirnos es más importante para nosotros que tener el favor de Dios en nuestras vidas, no existe mucha esperanza para nuestro futuro espiritual. Si nuestros trabajos son más importantes para nosotros que hacer la voluntad de Dios, estamos en graves problemas.

Existen razones más serias para la oración sin contestación, así como las hubo en el tiempo de Isaías.

> *He aquí que para debates y contiendas ayunáis, y para herir con el puño inicuamente; no ayunéis como hoy para que vuestra voz sea oída en lo alto. ¿Es tal el ayuno que yo escogí?* Versículos 4–5

Aquellos que ayunaron realmente tenía un propósito maligno al hacerlo. Dios declaró que este no era el ayuno que El había escogido.

> *¿...que incline su cabeza como junco, y haga cama de cilicio y de ceniza? ¿Llamaréis esto ayuno, y día agradable a Jehová?*
> Versículo 5

Los fariseos se jactaban de su ayuno, poniéndose cilicio y cenizas, ostensiblemente como un acto de contrición, haciendo del hecho un despliegue de su piedad. La oración y el ayuno no se hacen con el propósito de mostrarse. Es un acto

38

muy personal que se hace para Dios, no para los hombres.

El ayuno que Dios ha escogido es muy diferente que el ayuno de los fariseos.

> *¿No es más bien el ayuno que yo escogí, desatar las ligaduras de impiedad, soltar las cargas de opresión, y dejar ir libres a los quebrantados, y que rompáis todo yugo? ¿No es que partas tu pan con el hambriento, y a los pobres errantes albergues en casa; que cuando veas al desnudo, lo cubras, y no te escondas de tu hermano?*   Versículos 6–7

Nuestro propósito al ayunar es «desatar las ligaduras de impiedad», «soltar las cargas de opresión», y «dejar ir libres a los quebrantados» y «romper todo yugo». Esto es lo que está en el corazón de Dios. Cuando empezamos a orar de acuerdo al corazón de Dios, y ayunamos por los deseos del corazón de Dios, veremos resultados. Si sólo podemos orar por un auto o una casa nueva, nuestras intenciones son males, y nos sentiremos desilusionados con el resultado de nuestro sacrificio.

Si tú has estado orando y ayunando, y no has recibido respuestas, revisa cuidadosamente tu actitud. Si tu corazón está abierto, Dios te mostrará donde has errado. Si te has sentido desmotivado para orar y ayunar, por la falta de resultados en el pasado, **Dios te está dando una oportunidad de retornar a la oración y ayuno bíblicos** — que siempre traen los resultados deseados.

Capítulo 4

El reciente énfasis en la fe como un «cúralo-todo»

Pero sin fe es imposible agradar a Dios; porque es necesario que el que se acerca a Dios crea que le hay, y que es galardonador de los que le buscan.
Hebreos 11:6

Tradicionalmente, la oración y el ayuno han sido uno de los puntos fuertes de la doctrina evangélica, tanto pentecostal como carismática. Sin embargo, hoy en día, aun estos grupos han dejado de ayunar. ¿Por qué tan pocos de nuestros carismáticos de hoy en día ayunan? ¿Por qué la mayoría de los evangélicos y pentecostales han dejado de ayunar?

Para muchos de nuestros hermanos llenos del Espíritu, fue el descubrimiento de «la palabra de fe» y su operación lo que los guió a abandonar la oración y el ayuno. Cuando los creyentes descubrieron que, con tan sólo ejercer las promesas de Dios, ellos podían mover el cielo, decidieron que la oración y el ayuno ya no se necesitaban más. Nada puede estar más lejos de la verdad. Es la sensibilidad al Espíritu de Dios la que nos da el poder de ejercer Su Palabra con propiedad.

«Solamente dilo», dicen algunos, «y todo es posible». Si eso es verdad, ¿por qué muchos de aquellos que proclaman la verdad han dejado de experimentar milagros en sus vidas personales y en su ministerio? Cuando dejan de buscar a Dios en oración y ayuno, ellos principian un declinar espiritual inmediato. Están cuesta abajo, simplemente no se dan cuenta de ello al momento.

Algunos se han tornado hacia la profecía como un substituto de los milagros. La profecía nunca ha pretendido ser un substituto a los milagros. La profecía es maravillosa, y la Biblia nos dice que no menospreciemos la profecía (1 Tesalonicenses 5:20). Pero la profecía sin lo sobrenatural no es profecía bíblica. Necesitamos la demostración del poder de Dios en nuestro medio.

Para mantener la audiencia en sus iglesias o ministerios, después de que los milagros se han ido, mucha gente recurre a artilugios. Lentamente, ellos confían más y más en el mundo como guía. Muchos ni siquiera se dan cuenta de lo que está pesándoles, hasta que es demasiado tarde.

El énfasis en la fe y en la necesidad de ejercitarla no es algo malo. La Biblia es clara: «*sin fe es imposible agradar a Dios»* (Hebreos 11:6). La fe agrada a Dios, pero la fe no puede darte todo lo que necesitas. La frase clave aquí es *«aquellos que le buscan con ahínco».* La fe depende de una relación muy estrecha y fuerte con Dios. Una relación así con Dios se construye por *«buscarle».* Y la oración y el ayuno son la mejor manera de buscarle a El.

Aquellos que enfatizan la súper-fe dicen que cuando las cosas no andan bien contigo, es porque no tienes suficiente fe. Y por esto, las librerías están llenas de nuevos libros sobre la fe. Esto nos lleva a otras conclusiones. Si todo lo que tú necesitas es más fe, ¿por qué orar? Orar es duro. ¿Por qué hacerlo si ya no es necesario? Si todo lo que necesitamos es fe, ¿por qué ayunar? Ayunar no es algo de lo que nuestra carne pueda disfrutar. ¿Por qué hacerlo si no tenemos que hacerlo? Si somos salvos y vamos camino al cielo, ¿por qué ayunar? ¿Por qué no disfrutar de nuestra vida cristiana? ¿Por qué no simplemente disfrutar de lo que tenemos?

Todo esto suena bien, pero lo que no se nos dice es que para mantener una fe fuerte, para mantenernos salvos y ser eficaces en el Reino de Dios, debemos mantener una relación estrecha y fuerte con nuestro Padre celestial; y que esto se hace mediante la oración y el ayuno.

> *Respondiendo Jesús, dijo: ¡Oh generación incrédula y perversa! ¿Hasta cuándo he de estar con vosotros? ¿Hasta cuándo os he de soportar? Traédmelo acá.* Mateo 17:17

42

Cuando los discípulos de Jesús trajeron un muchacho a El, a quien ellos no pudieron ayudar, El les llamó «*generación incrédula y perversa*», y les preguntó: «*¿Hasta cuándo he de estar con vosotros?, ¿Hasta cuándo os he de soportar?*» ¿Cómo pudo Jesús hacerle eso a sus discípulos? Estos hombres habían dejado todo para seguirle. Habían hecho grandes sacrificios para estar a Su lado.

Lo que El hizo luego ayuda a explicar Sus palabras. El llamó al muchacho. Entonces El «*reprendió al demonio*». El resultado fue que «*salió del muchacho, y éste quedó sano desde aquella hora*» (Versículo 18). Fue tan fácil para el Señor Jesucristo. Sólo una palabra de El era suficiente. El tenía poder y autoridad, y ningún demonio podía resistirle. Cuando El hablaba, los demonios le obedecían. El espera que Sus discípulos tengan este mismo poder. Al no ser así, El les reprendió.

¿Es fácil para nosotros libertar de epilepsia hoy en día? Puede ser, si estamos preparados. Pero la mayoría de nosotros no lo estamos. Luchamos con las situaciones de la vida; los problemas en nuestro sitio de trabajo, las tensiones en casa, las dificultades en la iglesia y, más que nada, las batallas que debemos enfrentar con nuestro propio carácter. Citamos promesas, y ejercemos la fe, pero nada parece cambiar. Jesús quiere mostrarnos que todo puede ser tan fácil si estamos preparados, como El estaba preparado.

ORACIÓN Y AYUNO

¡No es de asombrarse que la iglesia sea tan débil! ¡No es maravilla que la iglesia no espere milagros! La iglesia ha dejado de buscar a Dios en oración y ayuno.

Si tienes fe como un grano de mostaza, dijo Jesús, puedes mandar a las montañas moverse, y ellas te obedecerán. La fe hace lo imposible posible. Trae al ámbito de la realidad lo que, de otra manera, sólo podría ser soñado. La fe va más allá de lo que el ojo natural puede ver. De acuerdo con Hebreos: «*Es, pues, la fe la certeza de lo que se espera, la convicción de lo que no se ve*» (Hebreos: 11.1). Aquellos que no tienen fe no pueden agradar a Dios. Este es un principio.

Dios puede ser percibido sólo mediante la fe. Su creación del mundo y todo lo que hay en él puede ser entendido solamente mediante la fe. Su Palabra puede ser aceptada solamente mediante la fe. Así que Jesús dijo que si tuviéramos sólo un poco de fe, podríamos mover las montañas. La fe lo cambia todo. La fe lo hace todo posible. La fe quita el cerrojo y abre la puerta al creyente a todas las oportunidades.

Sin oración y ayuno, sin embargo, nuestra fe no puede funcionar. Algunos milagros nunca ocurrirán sin oración y ayuno. Algunas circunstancias nunca cambiarán sin oración y ayuno. Algunas situaciones nunca se revertirán sin oración y ayuno. La oración y el ayuno agudizan nuestra certeza al esperar de manera que cuando pides esperas recibir.

La oración y el ayuno agudizan nuestra certeza al esperar de manera que cuando pides esperas recibir.

Las promesas de Dios están condicionadas a nuestro vivir la vida que El ha delineado para nosotros. Por ejemplo, Dios se deleita en alimenta a Sus hijos. David decía:

Joven fui, y he envejecido, y no he visto justo desamparado, ni su descendencia que mendigue pan. Salmo 37:25

Esto no significa que nosotros no hacemos nada y recibimos todo, tal como hemos escuchado a muchos enseñarlo en los últimos diez o quince años. «Tan sólo habla la palabra de fe», lo hemos escuchado una y otra vez. Esta no es una enseñanza errada; pero no está completa. Muchas personas han ejercitado su fe por grandes carros, casas y por comer en restaurantes lujosos, y su alma se encuentra más empobrecida ahora que hace diez años. Obtienen menos respuestas a sus oraciones ahora que antes. Bien pueden estar viviendo como ciudadanos normales, pero no tienen el poder de Dios en sus vidas.

Si tú eres uno de aquellos que verdaderamente deseas sobreponerte al error y conocer la verdad, y has estado preocupado acerca de la enseñanza engañosa sobre la fe como un «cúralotodo», por favor lee las páginas que restan de este libro muy cuidadosamente. Dios desea enseñarte Su Palabra en el balance correcto. El desea hacer

ORACIÓN Y AYUNO

que tu fe sea efectiva. El desea llevarte a una vida de comunión con El que te traiga las victorias que has anhelado.

CAPÍTULO 5

LA PREVALENCIA DEL ESPÍRITU DE GLOTONERÍA

Hermanos, sed imitadores de mí, y mirad a los que así se conducen según el ejemplo que tenéis en nosotros. Porque por ahí andan muchos, de los cuales os dije muchas veces, y aun ahora lo digo llorando, que son enemigos de la cruz de Cristo; el fin de los cuales será perdición, cuyo dios es el vientre, y cuya gloria es su vergüenza; que sólo piensan en lo terrenal.
Filipenses 3:17–19

Hay un nuevo dios en la tierra. Su nombre es COMIDA. Se lo conoce también como EL DIOS DE LA BARRIGA. YA estaba presente en los tiempos de Pablo. Y es uno de los más poderosos dioses en nuestra sociedad. En muchos lugares, LA COMIDA reina supremamente.

Lo triste es que la COMIDA gobierna a muchos cristianos. Muchos de nosotros trabajamos, no para la gloria de Dios o Su Reino, sino por nuestro *«pan de cada día»*. Si el mismo Jesús se presentara en carne y hueso a nosotros, y nos llamara a dejarlo todo y seguirle, muchos de nosotros lo consideraríamos como un truco del Diablo, y trataríamos de evitar obedecerle a cualquier costo. Nada es más importante que nuestro trabajo, porque produce COMIDA.

Las actividades cristianas más concurridas en estos días son: banquetes, desayunos, picnics, y parrilladas. Cuando llamamos para los que estén dispuestos a orar hasta que el propósito de Dios se hace realidad y hasta que venga el avivamiento espiritual a una ciudad o una nación, podemos contarlos con nuestros dedos a aquellos que aparecen. Para asegurar la asistencia a las actividades de la iglesia, debemos prometer un banquete de comida mexicana, una lasagna o spaghetti italiano especial, o alguna COMIDA similar.

La mayoría de nuestras convenciones con una buena asistencia que se conducen en todo el país hacen propaganda de una buena comida. ¿Cuánta gente asistiría a estas actividades si no hubiera comida? ¿Cuántos se presentarían para varios días de ayuno y oración?

Muchas iglesias tienen que servir donas y café en la escuela dominical y refrigerios después de la reunión del directorio para asegurar una apropiada asistencia. La COMIDA se ha convertido en nuestro ídolo.

Al mismo tiempo que estamos alabando en el altar de la COMIDA, estamos diciendo a Dios: «Dios, queremos ver tu poder y gloria».

Dios nos está diciendo: «No lo están diciendo en serio. En realidad no quieren decir lo que están diciendo. Sólo están jugando con las palabras».

¿Realmente queremos ver el poder y la gloria de Dios? ¿Realmente queremos una nueva unción sobre nuestras vidas? ¿Realmente queremos ver una libertad espiritual en nuestras naciones, en nuestros gobiernos, en nuestros hogares, en nuestros matrimonios, en las vidas de nuestros hijos, y en nuestra experiencia personal con Dios?

¿Por qué es que hemos citado la Palabra de Génesis a Apocalipsis, y nada ha pasado? ¿Hemos intentado con el ayuno y la oración? Tal vez nuestro dios, COMIDA, no nos ha permitido hacerlo.

La COMIDA es uno de los más poderosos dioses que existe en nuestra sociedad. En muchos lugares, reina supremamente.

Algunas personas no asistirán a ciertas iglesias porque no permiten salir lo suficientemente temprano en la mañana del domingo. Ellos deben comer a la hora «de costumbre». Algunas personas tienen a Dios a tiempo por reloj. Ellos le ofrecen dos horas por semana. Si el servicio se prolonga unos minutos sobre el tiempo designado, ellos se levantan y salen. Dejan a Dios por causa de la COMIDA. Cuando llegan las 12:30, su estómago empieza a gruñir, y simplemente no pueden mantener sus mentes en Dios por más tiempo.

Este es un asunto mucho más serio de lo que pudiéramos pensar. No estoy bromeando. El apóstol Pablo llamó a tales personas *«enemigos de la cruz de Cristo»*.

La COMIDA es muy importante para nosotros hoy en día. Cuando los hombres consideran el matrimonio, buscan una mujer que sepa cocinar bien, no a una mujer que ame a Dios. Para estos hombres, una mujer ideal es alguien que siempre les tenga una deliciosa comida lista cuando ellos llegan del trabajo a casa.

Pablo sabía que habían cosas más importantes. El estaba determinado a *«proseguir a la meta, al premio del supremo llamamiento de Dios en Cristo Jesús»* (Filipenses 3:14).

Y, con respecto a aquellos cuyo dios es el VIENTRE, Pablo predijo que su fin sería *«destrucción»*. Ellos estaban más preocupados acerca de *«lo terrenal»* que de la voluntad de Dios en sus vidas.

Cada vez que la iglesia deja de abrazar la práctica piadosa del ayuno y la oración, comienza un inexorable resbalón hacia la *«destrucción»*. Cada vez que la iglesia se rinde ante el dios, COMIDA, su gloria se convierte en *«vergüenza»*. Cada vez que la iglesia se preocupa más en *«lo terrenal»* que en las cosas espirituales, se encamina hacia la ruina. No puede prevalecer en tales circunstancias. Esta no es mi palabra. Esta es la Palabra eterna de Dios. Rendirnos a nuestros apetitos, a nuestra propia indulgencia, es pecado; y nos separa de la presencia y la bendición de Dios.

Cuando Dios libró a Su pueblo de la esclavitud en Egipto, y los envió de camino a la Tierra Prometida, ocasionalmente ellos eran tentados a volver atrás, a pesar de lo que ellos habían sufrido en Egipto. ¿Qué podría hacer que el pueblo deseara volver a la esclavitud?

> *Nos acordamos del pescado que comíamos en Egipto de balde, de los pepinos, los melones, los puerros, las cebollas y los ajos.*
>
> Números 11:5

Mientras algunos de ellos recordaban la asombrosa manera en que Dios envió las plagas sobre Egipto, y la manera en que El destruyó al ejército egipcio en el Mar Rojo, otros estaban pensando en aquello a lo que se habían acostumbrado a comer alrededor del fuego en Gosén. Ellos no estaban regocijándose por el maná del Cielo. Sino ansiaban los puerros y los pepinos.

Esto pudiera sorprender a muchas personas, pero a mí no me sorprende. Conozco cristianos que pueden recordar exactamente que tuvieron que comer al regresar a casa hace veinte años. No pueden recordar quién fue salvo en el último avivamiento o cuándo tuvieron una carga para orar por gente con necesidad. Pero ellos pueden recordar quién trajo qué para el picnic de la iglesia.

ORACIÓN Y AYUNO

Mucha gente en realidad vive para su estómago. Es su reloj. Cuando tienen hambre en la mañana, saben que es tiempo de levantarse. Cuando sienten hambre más tarde en el día, saben que es hora de almuerzo. Cuando vuelven a tener hambre, se alegran porque saben que es hora de irse del trabajo. Estas personas aun sueñan con la comida. ¿Son estas personas realmente cristianos? Bueno, ellos todavía se llaman a sí mismos «cristianos», pero no son conscientes del hecho de que un extraño ídolo ha tomado control de sus vidas.

Dios no ha dispuesto que seamos regidos por nuestros apetitos. La vida cristiana significa libertad de los apetitos. Cuando somos esclavos de nuestros apetitos, tenemos una mente carnal. Y la mente carnal es enemiga de Dios.

> *Por cuanto los designios de la carne son enemistad contra Dios; porque no se sujetan a la ley de Dios, ni tampoco pueden.*
>
> Romanos 8:7

Ser cristiano y ser dominado por el apetito son dos cosas incompatibles. La una es tan contraria a la otra que no pueden coexistir. No van juntas.

Muchos han caído en este engaño por la creencia popular de que simplemente debemos dar atención especial a la comida para poder vivir. Me alegro de que Jesucristo respondiera a ello por toda la eternidad, cuando dijo:

*No sólo de pan vivirá el hombre, sino de toda
palabra que sale de la boca de Dios.*

Mateo 4:4

Jesús nos pidió trabajar por valores eternos,
por aquello imperecedero.

*Trabajad, no por la comida que perece, sino
por la comida que a vida eterna permanece,
la cual el Hijo del Hombre os dará; porque a
éste señaló Dios el Padre.* Juan 6:27

La COMIDA no es un buen dios porque
perece. Cuando la comemos, nos sentimos satis-
fechos, pero solo por un corto tiempo. ¡Cuánto
mejor es poner nuestro esfuerzo en las cosas eter-
nas! ¡Y qué triste es perder la bendición de Dios
por algo tan insignificante y temporal como lo es
la COMIDA!

La COMIDA se ha hecho tan importante para
algunos de nosotros que vivimos por la invitación
de visitar la casa de otros para comer con ellos.
Cuando pasa una semana sin tal invitación, nos
preocupamos, y decidimos orar sobre el asunto.
Le pedimos a Dios que toque los corazones de los
amigos y familiares, de manera que nos inviten.
Así de importante es la COMIDA para algunas
personas. Si tú estás consumido por tales deseos,
escucha la Palabra del Señor.

*Cuando te sientes a comer con algún señor,
considera bien lo que está delante de ti, y pon
cuchillo a tu garganta, si tienes gran apetito.
No codicies sus manjares delicados, porque es*

> *pan engañoso. No te afanes por hacerte rico;*
> *sé prudente, y desiste.*   Proverbios 23:1–4

La glotonería nos conduce a otros pecados. Si tú no la controlas, te controlará. *«Pon cuchillo a tu garganta»* no significa que cometas suicidio. Quiere decir que suprimas tu apetito.

«Sé prudente y desiste». Piensas que sabes cómo manejar la vida; pero Dios sabe mucho más que tú; y El te está diciendo que tomes el control sobre tus apetitos naturales antes de que ellos tomen el control sobre ti.

> *La glotonería conduce a los hombres a la pobreza. Porque el bebedor y el comilón empobrecerán, y el sueño hará vestir vestidos rotos.*   Proverbios 23:21

De acuerdo con la Biblia, los *«comilones»* están en la misma categoría que los *«bebedores»*. Y los dos se harán *«pobres»*. Sin embargo, aun en la iglesia, las ocasiones más conocidas son Acción de Gracias, Navidad, Regreso a Casa, y el Picnic de Año Nuevo, todas ocasiones especiales para un banquete.

¿Qué significado tiene el día de Acción de Gracias para el ciudadano promedio de hoy? ¡Significa COMIDA! En razón de ello, mucha gente en Los Estados Unidos han dejado de llamar a este día «De Acción de Gracias», y han empezado a llamarlo el «Día del Pavo». Esto probablemente exprese mejor lo que muchos norteamericanos hacen en ese día.

¿Qué significa Año Nuevo para la persona promedio hoy día? ¡Significa COMIDA especial!

¿Qué significa el domingo para muchas personas hoy? ¡Significa COMIDA especial!

¡No es de maravillarse que hayamos perdido el poder de Dios! ¡No es de maravillarse que la pobreza haya tomado a la iglesia! ¡No es de maravillarse que el reino de las tinieblas haya avanzado en cada frente!

Nuestras iglesias están en crisis; nuestras familias están en crisis; nuestra nación está en crisis; y nosotros estamos clamando: «Oh Dios, levanta hombres y mujeres que puedan conmoverte en oración y traer avivamiento a la nación». Pero terminamos pronto la oración porque todos están hambrientos, y desean comer antes de que la comida se enfríe. ¿Es de maravillarse entonces que nuestras oraciones no prevalezcan?

Santiago decía de Elías:

> *Elías era hombre sujeto a pasiones semejantes a las nuestras, y oró fervientemente para que no lloviese, y no llovió sobre la tierra por tres años y seis meses. Y otra vez oró, y el cielo dio lluvia, y la tierra produjo su fruto.*
>
> Santiago 5:17–18

Santiago tuvo cuidado de no darnos la impresión de que Elías era un super hombre. Era humano. Era «*hombre sujeto a pasiones semejantes a las nuestras*». Era tan humano como cada uno de nosotros. Sin embargo, su oración prevaleció.

Cuando pidió a Dios cerrar los cielos, los cielos se cerraron. Cuando pidió a Dios por lluvia, llovió.

¿Es que Dios simplemente escogió a Elías, y soberanamente decidió favorecerlo por encima de los demás? No lo creo. Creo que Elías tenía poder con Dios porque el ayunaba y oraba, tomó control sobre sus apetitos, y desarrolló una fuerte relación con su Padre celestial.

Es cierto que Dios desea dar sustento a Sus hijos; pero nunca fue Su intención que la COMIDA dominara nuestras vidas. Dios nos dio el sexo; pero Su intención fue que fuera usado dentro de los términos del matrimonio. Dios nos da plantas; pero nunca fue Su intención que las fumáramos e inyectáramos sus ingredientes en nuestras venas para llevarnos a falsas «alturas». Todo tiene su propósito. No fuimos destinados a ser controlados por la COMIDA.

Para muchas personas, la cosa más importante que hay que hacer en el día de la paga es ir al mercado. No se lo perderían por nada. Algunos son esclavos de los FRITURAS. Otros sirven al dios PARRILLADA. Otros están encadenados por el JUGO DE NARANJA. Cuando estas personas escuchan la palabra «ayuno», se asustan. Piensan que morirán si ayunan.

La COMIDA, para muchos, es como un hábito tranquilizador. Los reconforta y hace que se les quite el miedo. Y desarrollan una dependencia de ella.

Aquellos que atraviesan períodos depresivos van al refrigerador a menudo, cada diez minutos o algo así, buscando algo que calme sus nervios deshechos. Las personas que no pueden dormir en la noche se deslizan en puntillas al refrigerador, esperando encontrar algo que les ayude a descansar. Para algunos, su dependencia de la COMIDA es tan seria como una dependencia del alcohol o de las drogas para otros. Han sido engañados por el Enemigo de sus almas al hacer de la COMIDA un ídolo. ¡Y Satanás se hace feliz!

Para estas personas, pasarlo sin alimenta, aunque sea por un día, parece ser el más pavoroso prospecto. No pueden concebir una vida sin su ídolo. Quitar la COMIDA significa, para ellos, quitar la alegría de la vida. Ellos siempre anticipan la hora de comida. ¿Qué más hay por qué vivir?

Muchas personas saben que ellos deberían ayunar y desean ayunar, pero no pueden. Ellos no saben cómo romper el hábito de la comida. No saben cómo poner bajo control sus pensamientos y emociones lo suficiente para buscar a Dios seriamente. Y Satanás está feliz porque ha podido desviar la atención del pueblo de Dios lejos de El.

Me sorprende ver los millones de dólares que se gasta en hacer propaganda de las pasas de California. Pero la propaganda da resultado. Te hacen tener ganas de comer pasas.

Ray Charles es eficaz en la propaganda de la Pepsi. Hace que tú desees tomarte una.

ORACIÓN Y AYUNO

A algunas estrellas del rock, se les paga millones de dólares por tan sólo una propaganda de COMIDA. Estas propagandas están al ataque de tu deseo de buscar a Dios en ayuno y oración. Hacen que la COMIDA se vea tan real y deliciosa que tú deseas alcanzar una y tocarla, como dicen los slogans de las propagandas.

Cuando tú enciendes el televisor hoy en día, ves lo que las cadenas de televisión han determinado que los televidentes deseen ver: escándalos, sexo, violencia, y COMIDA. (Recientemente, un segmento de cocina se ha convertido en uno de los programas más comunes porque es lo que la gente desea ver).

Muchos están en realidad embebidos en la COMIDA. Están bajo la influencia de lo que comen, y necesitan liberación. Como creyentes, nos enorgullecemos del hecho de que ya no somos adictos a las drogas o al alcohol. Sin embargo, muchos de nosotros somos todavía más adictos a la COMIDA, y vivimos para nuestros estómagos.

Cuando llegué por primera vez a Los Estados Unidos hace muchos años, no podía dar crédito a lo que veía. A todas partes que iba, la gente me ofrecía COMIDA. En nuestro país, es ofensivo rehusar una muestra de hospitalidad, de manera que comí cuanto me pusieron delante, y tomé suficiente Coca Cola como para hundir un buque de guerra. Pensé en las palabras de Jesús:

Porque como en los días antes del diluvio estaban comiendo y bebiendo, casándose y dando en casamiento, hasta el día en que Noé entró en el arca, y no entendieron hasta que vino el diluvio y se los llevó a todos, así será también la venida del Hijo del Hombre.

Mateo 24:38-39

Nos mostramos amor unos a otros ofreciendo algo bueno de comer. Compartimos nuestras recetas favoritas con nuestros amigos preferidos. Muchos cristianos están más familiarizados con el último postre de moda de lo que lo están con los libros de la Biblia.

Y los pastores no quedan sin mancha en todo esto. A veces los pastores son los peores ofensores. Muchos pastores tienen barrigas con varias tallas encima de la que debería ser. Tal pareciera que muchos de ellos atropellaran sus sermones de manera que puedan ir pronto al picnic. Si los pastores son glotones, ¿cómo pueden ocuparse de las necesidades espirituales del rebaño sobre el cual Dios los ha puesto? ¿Cómo pueden ayudar a sus miembros a ser liberados de sus malos hábitos? ¿Cómo pueden dar dirección espiritual a otros?

¿Qué de bueno es un pastor que no se preocupa de la salud y el bienestar de su congregación? Dios dice:

si se humillare mi pueblo, sobre el cual mi nombre es invocado, y oraren, y buscaren mi rostro, y se convirtieren de sus malos caminos; entonces yo oiré desde los cielos, y perdonaré sus pecados, y sanaré su tierra.

2 Crónicas 7:14

ORACIÓN Y AYUNO

Pastores, si los banquetes son más importantes para nosotros que la oración y el ayuno, estamos en problemas.

Algunos predicadores son tentados por cada olor de comida. Ellos saben que se está sirviendo en el restaurant La Roja, cuando pasan por allí con el auto, y desean entrar y gustar algo de ello. Saben lo que hay de especialidad del día en el restaurante local sólo de olerlo. Nunca más les oyes decir: «Puedo sentir que Dios está en ese lugar. Vamos a entrar y ver lo que está pasando». Si los pastores se han extraviado, ¿es de sorprenderse que las ovejas parezcan estar perdidas?

Pastores, vamos a levantarnos y declarar que la razón principal por la que muchos cristianos no reciben respuesta a sus oraciones es porque nunca ayunan. Vamos a declarar que por causa de que LA COMIDA se ha convertido en un dios en nuestra sociedad, abstenerse de LA COMIDA es una de las maneras más seguras de encontrar la voluntad perfecta de Dios para nuestras vidas. Vamos a ir más lejos todavía y poner de manifiesto que en estos días de difíciles relaciones familiares e interpersonales, **simplemente no podremos sobrevencer los problemas sin una dedicación a una vida de oración y ayuno.**

CAPÍTULO 6

EL ESPÍRITU EGOÍSTA DE LA ERA

El alma del que trabaja, trabaja para sí,
Porque su boca le estimula.
Proverbios 16:26

Todo acerca de nuestra presente orientación en nuestra sociedad moderna es egoísta. Desde que son lo suficientemente grandes para aprender, nuestros niños son enseñados a mirar por sí mismos. Nuestro sistema económico de mercado nos enseña a mirar por nuestros intereses. En vez de preocuparnos por nuestros vecinos, como nos enseñó Jesús, nuestro tema de hoy es total confianza en nosotros mismos.

La iglesia se ha visto afectada por este espíritu de nuestro tiempo. Esta es una de las razones más importantes por la que los cristianos han dejado de ayunar. Pueden arreglárselas por sí mismos bien. Pueden pagar sus cuentas, y les queda algo todavía. No hay nada por que preocuparse. ¿Por qué ayunar? Cuando alguna tragedia los golpea, no están preparados; para entonces, es usualmente muy tarde para ayunar.

¿Quién tiene una carga de ayunar por la nación? ¿Quién tiene una carga de orar por sus líderes? ¿Quién tiene una carga de orar por la comunidad? ¿Quién tiene una carga de orar por los drogadictos? ¿Quién tiene una carga de orar por los enfermos y afligidos?

Algunas iglesias ayunan por nuevos equipos de aire acondicionado y mejores bancas de manera que puedan sentirse más cómodos durante sus visitas cortas al santuario. Pero su ayuno no llega más lejos que eso.

Las mayores preocupaciones de las iglesias hoy son para lograr la excelencia en la asistencia, el programa, y la reputación:

> ¿Qué iglesia tiene el edificio más grande?
> ¿Qué iglesia tiene la mayor asistencia el domingo por la mañana?
> ¿Qué iglesia tiene el programa más completo?
> ¿Qué iglesia puede levantar la mayor ofrenda?

¡No es de maravillarse que el diablo no se incomode por lo que ve! Las iglesias con tan limitada visión nunca pondrán en peligro su reino. El no teme a los números o programas o dinero. Todavía es el poder de Dios el que le hace volar. Satanás teme el poder que se hace posible mediante la oración y el ayuno.

Aun aquellos que reciben la unción del Espíritu hoy desean utilizar esa unción para ellos mismos y para sus propias necesidades y deseos. La próxima vez que ellos oran, se mantienen preguntando:

¿Por qué no puedo obtener algo de Dios?

¿Por qué no puedo obtener algo de Dios?

Al mismo tiempo, Dios pregunta:

¿Por qué no puedo obtener algo de TI?

¿Por qué no puedo obtener algo de TI?

Dios desea que nosotros «*desatemos las ligaduras de impiedad*». El desea que «*libertemos a los cautivos*». Si pudiéramos olvidarnos de nosotros mismos por unos pocos minutos y buscar la mente de Dios, podríamos ver la grandeza que El ha preparado para nosotros. Si pudiéramos conocer lo que hay en el corazón del Padre, la oración y el ayuno cobrarían un significado completamente nuevo para nosotros.

No es de maravillarse que el diablo no se incomode por lo que ve. Las iglesias con tan limitada visión nunca pondrán en peligro su reino.

Y somos todavía más egoístas en nuestra alabanza. Mucha gente no va a la iglesia a alabar a Dios. Sino va a la iglesia a presentar su lista de deseos. Y muchos de ellos nunca asistirán a las reuniones de oración, donde tendrían la oportunidad de buscar a Dios más. Ellos no tienen tiempo para eso.

Tal parecería que las dos cosas más temidas en la iglesia occidental de hoy en día son el estudio sistemático de la Biblia y la oración y el ayuno. En vez de beneficiosos, los tratamos como nuestros enemigos.

Los ministros que visitan los países del tercer mundo regresan impresionados por lo que han presenciado: el estado de pobreza de la nación, la sinceridad de la gente de la nación, y el compromiso de los creyentes de esa nación para el Señor, para Su Iglesia y para Su pueblo. Su rutina de vida incluye ayunos regulares con oración.

¿Qué ha pasado con el compromiso cristiano de aquellos de nosotros de las naciones más desarrolladas? Si Jesús apareciera hoy en carne y nos llamara a servirle, lo primero que le preguntaríamos sería, ¿cuánto es la paga por el trabajo?, ¿qué seguridad nos ofrece el empleo?, y ¿qué beneficios hay?. Es así como nos hemos vuelto de egoístas.

Si nuestro interés en ganar dinero fuera con el propósito de promover el Reino de Dios, eso sería una cosa. Muchos cristianos, sin embargo, están interesados en el dinero solamente por los placeres y comodidades que les brinda. Muchos cristianos hasta están robando a Dios, dando menos de lo que es debido, de manera que puedan disfrutar más de la «buena vida». Cuando eran pobres, daban sus diezmos fielmente; pero ahora que Dios los ha prosperado, nunca tienen suficiente. Toman el diezmo, y lo utilizan para más lujos. Piensan que Dios les debe una buena vida, y ven todo como si fuera para su propio placer.

Salomón conocía a tal gente. El decía: «*El alma del que trabaja, trabaja para sí*». Es por eso que el Enemigo puede utilizar el argumento: *Trabajaste duro, ahora disfrútalo.*

El problema es que cuando tú tienes una orientación egoísta, nunca parece haber suficiente. Jesús nos habla de un joven que estaba prosperando. El fue tan bendecido que tenía por delante una gran decisión para tomar concerniente a la expansión de sus negocios.

> *También les refirió una parábola, diciendo: La heredad de un hombre rico había producido mucho. Y él pensaba dentro de sí, diciendo: ¿Qué haré, porque no tengo dónde guardar mis frutos? Y dijo: Esto haré: derribaré mis graneros, y los edificaré mayores, y allí guardaré todos mis frutos y mis bienes; y diré a mi alma: Alma, muchos bienes tienes guardados para muchos años; repósate, come, bebe, regocíjate. Pero Dios le dijo: Necio, esta noche vienen a pedirte tu alma; y lo que has provisto, ¿de quién será? Así es el que hace*

para sí tesoro, y no es rico para con Dios.

Lucas 12:16–21

Este hombre creyó las mentiras de Satanás. El había trabajado duro. Había guardado todo lo que había recibido. Ya era «*rico*» cuando la parábola empezó. Ahora él era rico más allá de lo había podido soñar. ¿Qué haría con sus nuevas riquezas? Decidió hacer gala de su buena suerte y prodigar su riqueza sobre sí mismo. Y porque puso su tesoro sobre sí mismo, y no fue rico para con Dios, su fin fue triste. Esta misma noche su alma le iba a ser pedida. ¿No es irónico que el egoísmo nos robe las mismas bendiciones que buscamos, al ser egoístas? Hay dos lecciones importantes para nosotros aquí. La primera es que la riqueza nunca satisface.

Todo el trabajo del hombre es para su boca, y con todo eso su deseo no se sacia.

Eclesiastés 6:7

La segunda lección que debemos aprender de esta parábola es que cuando Dios nos prospera, no es para que nosotros nos alejemos de El y nos dediquemos a las cosas del mundo. Cuando El nos prospera, no es para que nosotros podamos pasar más tiempo con nuestras posesiones y descuidar de El. Cuando El nos prospera, no es para que nosotros podamos comer mejor y desarrollemos un apetito incontrolable que nos impida buscar al Dios que nos formó.

Dios nos prospera de manera que la visión de Su Reino pueda ser establecida, y para que nosotros podamos ser bendición a los demás, y no para que seamos vencidos por los afanes de esta vida. Uno de los pecados de los días de Noé era que «*estaban comiendo y bebiendo*» (Mateo 24:38). A pesar de ello, comer y beber es, para algunos cristianos, todo de lo que se trata la prosperidad. La prosperidad que Dios da es mucho más profunda y rica.

Ese granjero presuntuoso de Lucas 12 tenía mucho que aprender.

> *Y diré a mi alma: Alma, muchos bienes tienes guardados para muchos años; repósate, come, bebe, regocíjate.*　　　Lucas 12:19

¡Qué presumido! Pensaba que tenía una vida completamente resuelta. Pensaba que lo sabía todo. ¡Qué gran sorpresa le aguardaba!

La gente egoísta nunca ora o ayuna. La oración y el ayuno toman tiempo, tiempo que no puedes emplear en algo más. La oración y el ayuno implican esfuerzo, un esfuerzo que no podrá ser de provecho para otro propósito. Eso es lo que aleja a muchos cristianos de la oración y el ayuno. El tiempo es tan corto de todas maneras. La oración y a el ayuno simplemente no están entre sus primeras prioridades.

Cuando hay problemas y decisiones cruciales que involucran a una congregación entera, y necesitamos a todos unidos en un período de ayuno y oración, de seguro habrá algunos «muy ocupados» para poner su parte. Ellos tiene otras cosas «más importantes» que hacer.

Cuando ellos tienen una necesidad que los toca personalmente, quieren que todos se les unan en oración. ¿Se han vuelto nuestras oraciones egoístas por naturaleza? ¿Es todo «yo», «mi», «mío»?

¡No nos cause asombro que Dios no responda! Estamos completamente equivocados cuando oramos de esta manera. Nuestras actitudes están totalmente mal. Nuestra motivación es errada. Nuestro disponer del tiempo está mal. Nuestras prioridades no están bien.

Algunos todavía ayunan — pero solamente con un propósito egoísta. Desean perder peso. Sin embargo, este no es el propósito del ayuno; y ayunar por perder peso no te traerá los beneficios espirituales que la Biblia promete a aquellos que aprenden este secreto y lo practican fielmente.

Las propagandas de la televisión te hacen egoísta. Te hacen desear muchas cosas que no te servirán de nada, o otras tantas que serán un detrimento para tu bienestar físico y espiritual.

La televisión ha hecho egoístas a tus hijos. Ellos desean las cosas que ven en televisión, sin importar si son buenas o malas para ellos. Peor aún, tus hijos están adoptando el modelo de los roles de los programas de televisión que miran. Y tú podrás excusarlos diciendo: *Es sólo una manía pasajera*. La verdad es que Satanás conduce una intensa campaña para ganar el alma de tus hijos, para hacerlos totalmente egoístas.

Muchos de ellos han hecho ídolos de las estrellas de rock que ven en televisión. Ya no imitan más a Daniel o Débora, sino a Michael Jackson y Madonna. Los afiches que cuelgan en sus dormitorios te dejan saber dónde está su corazón.

Dios nos ha bendecido a mi esposa y a mí con dos bellas niñas, Anna Kisssel y Damaris Joy, y yo le doy gracias a Dios por ellas. Yo trato de enseñarles a honrar la presencia de Dios y a respetar la casa de Dios. David decía:

> *Yo me alegré con los que me decían: a la casa de Jehová iremos.* Salmo 122:1

Yo quiero que mis hijas crezcan con la bendición de Dios en sus vidas.

Si tú eres totalmente egoísta, y estás viviendo una vida de egoísmo, es imposible enseñar a tus hijos algo diferente. Si tu trabajo, tu carro y tu casa preceden a Dios y Su casa (la iglesia), tus hijos te imitarán.

Dios está interesado en tu trabajo, en tu carro y en la casa donde vives. Pero El está interesado en mucho más que esas tres cosas. ¿Por qué es que casi todo creyente toma tanto de su tiempo en creer en Dios por estas tres cosas cuando hay mucho más?

Reorganiza tus prioridades. No hagas que tu disposición se desprenda de este sistema egoísta del mundo sino de la Palabra eterna de Dios. Cuando lo hagas, **encontrarás la oración y el ayuno, y la búsqueda del rostro de Dios entre las primeras prioridades de tu lista.**

CAPÍTULO 7

LA FALTA DE ENSEÑANZA SOBRE EL TEMA DE LA ORACIÓN Y EL AYUNO

Mi pueblo fue destruido porque
le faltó conocimiento.
Oseas 4:6

Aparte de estas razones obvias, por las que muchos cristiano han abandonado la costumbre de orar y ayunar, a muchos simplemente nunca se les ha enseñado, especialmente a los nuevos convertidos. Los cristianos de más tiempo saben sobre la oración y el ayuno porque comúnmente se enseñaba y se practicaba más hace algunos años. Pero, hoy en día, es una doctrina descuidada en la Iglesia.

Muchas iglesias están en contra del ayuno. Algunas enseñan que era una práctica pagana, y que no tiene lugar en la cristiandad. Como tal, es considerada una herejía. Otros enseñan que el ayuno era sólo para los primeros tiempos. Los líderes de estas iglesias nunca ayunan, y nunca experimentan milagros.

Si ayunar no fuera importante y bíblico, Jesús nunca hubiera ayunado. El es nuestro ejemplo, y lo hizo.

Si ayunar no fuera importante y bíblico, Jesús nunca hubiera ayunado.

Entre los temas bíblicos de importancia, el ayuno debe tener su lugar entre los primeros. Existe tanta enseñanza en la Biblia sobre la oración y el ayuno como hay sobre muchas de las doctrinas más comúnmente enseñadas.

Habiendo perdido la perspectiva de su importancia y de lo que hará por nosotros, sólo pocos maestros de la Biblia se están tomando el tiempo de establecer las bases bíblicas necesarias en cada creyente para una vida de dedicación a la oración y al ayuno. Como resultado, algunas personas todavía no conocen de que el ayuno está en la Biblia.

Existe tanta enseñanza en la Biblia sobre la oración y el ayuno como hay sobre muchas de las doctrinas más comúnmente enseñadas.

Hay una razón más siniestra por la que muchos pastores ya no enseñan sobre la oración y el ayuno. No es un tema que goce de popularidad. No es algo que deleite a los oídos. Por lo tanto, se lo esquiva como «muy controversial». Algunos enseñarán más bien lo que la gente desea escuchar que lo que necesitan escuchar.

Las congregaciones poseen, cada vez más, una mejor educación; y el ayuno, para algunas personas bien educadas, parece absurdo e ilógico. ¿Cómo puede la abstinencia de alimento crear algún beneficio? Parece no tener sentido, científicamente hablando. ¿Pero acaso mucho de la Palabra de Dios no suena absurda para una mente natural? ¿No son los caminos de Dios extraños para todos nosotros?

Yo tengo dos doctorados, uno en teología y otro en filosofía y una base en ingeniería electrónica como antecedente, pero todavía yo sé que la oración y el ayuno dan resultados, y han sido determinados por Dios para un propósito divino. Si otros lo comprenden o no, personalmente, estoy determinado a hacer la voluntad de Dios. **Yo me he determinado, por el bien de mi alma, por el bien de los miembros de mi familia y por mi ministerio al mundo, a vivir una vida dedicada a la oración y al ayuno y a enseñar a otros los beneficios de hacerlo así.**

Parte III

Porqué debemos Orar y Ayunar (Propósito)

INTRODUCCIÓN A LA PARTE III

Muchos de aquellos que todavía ayunan miran al ayuno como una manera conveniente de hacer que Dios les dé cosas que ellos desean; y esa es la única razón por la que ayunan. Nunca ayunan largo, nunca oran mucho al ayunar, y nunca ayunan gozosamente. Ayunar, para ellos, es simplemente una manera de convencerle a Dios que haga lo que ellos desean.

¿Por qué debemos ayunar? ¿Cuál es el PROPOSITO correcto?

CAPÍTULO 8

LA NECESIDAD DE CRUCIFICAR LA CARNE

¿De dónde vienen las guerras y los pleitos entre vosotros? ¿No es de vuestras pasiones, las cuales combaten en vuestros miembros? Codiciáis y no tenéis; matáis y ardéis de envidia, y no podéis alcanzar; combatís y lucháis, pero no tenéis lo que deseáis, porque no pedís. Pedís, y no recibís, porque pedís mal, para gastar en vuestros deleites.
Santiago 4:1–3

El ayuno no es una herramienta para voltear el brazo de Dios, de manera que El te de exactamente lo que deseas. El ayuno tiene un propósito espiritual, y ese propósito es poner a tu carne fuera del camino, de manera que el Espíritu pueda moverse en tu vida. El ayuno quita las barreras de la comunicación con Dios y permite al espíritu del hombre tener comunión directa con el Padre celestial — sin ninguna perturbación. Cuando una persona tiene la determinación de ayunar, está determinándose a quitar los obstáculos de su vida para un completo sometimiento a la voluntad de Dios.

¡No nos asombre que Satanás trate de erradicar esta práctica! El ayuno derriba sus fortalezas. El ayuno muestra la senda hacia la victoria. El hará lo que sea para evitar esto.

Y Satanás quiere que tu seas pobre, que des rienda suelta a tus apetitos — hasta que te consuman. La industria alimenticia, la industria ilegal de drogas, y la industria del entretenimiento tienen mucho en común. Todas están alcahueteando el desenfreno de los apetitos de nuestra sociedad. Mucha de la pobreza de nuestros suburbios es el resultado directo de esta casi total pérdida de control.

Muchos de nosotros que vivimos cómodamente en las naciones prósperas tenemos problemas con el ayuno y la oración porque todo alrededor nuestro está diseñado a atraer a nuestra carne y a nuestros deseos carnales. Pero, cuando buscamos el rostro de Dios a través de la oración y el ayuno, ponemos de lado a la carne, negando a los apetitos el control que buscan sobre nosotros, y permitiendo que nuestro hombre espiritual, que desea a Dios, desarrolle una relación firme con nuestro Padre celestial.

El hombre es un ser tripartito, formado de un cuerpo, un alma y un espíritu. Es el espíritu que vino de Dios que anhela reunirse con Dios. Si se le da la oportunidad, el espíritu llegará a Dios para comunicarse con El.

Estas tres partes de la persona, sin embargo, compiten por influencia. Tu espíritu puede influenciar a tu alma, y tu alma puede influenciar a tu carne. Si estás sintonizado espiritualmente con Dios, tu alma no tiene otra alternativa sino deleitarse en las decisiones de tu vida espiritual.

Tu carne se somete a la autoridad de tu alma. Cuando el ángel Gabriel se apareció a María, ella respondió:

Engrandece mi alma al Señor; y mi espíritu se regocija en Dios mi Salvador.

Lucas 1:46–47

Si tu alma engrandece al Señor, tu carne se postrará con sumisión. Sin embargo, si tu carne se ha levantado en autoridad en tu vida, luchará con tu espíritu por el dominio, y tu alma obedecerá los deseos de la carne. El ayuno libera a tu espíritu para alabar y servir a Dios.

El ayuno no es una herramienta para voltear el brazo de Dios de manera que El te de exactamente lo que deseas. El ayuno tiene un propósito espiritual, y ese propósito es poner a tu carne fuera del camino, de manera que el Espíritu pueda moverse en tu vida.

Cuando resistimos al Espíritu de Dios, nos exponemos a la influencia de Satanás. Cada uno de nosotros entonces — hombres, mujeres, y niños — somos controlados ya sea por el Espíritu Santo o por Satanás. Este pensamiento por sí sólo debería llevar a cada creyente a orar y ayunar.

El ayuno te capacita para romper la atadura de la carne y poner así tus apetitos bajo control. Te pone en una posición de sumisión a Dios. Cuando esto ocurre, obtienes respuestas a tus oraciones.

> *¿De dónde vienen las guerras y los pleitos entre vosotros? ¿No es de vuestras pasiones, las cuales combaten en vuestros miembros? Codiciáis y no tenéis; matáis y ardéis de envidia, y no podéis alcanzar; combatís y lucháis, pero no tenéis lo que deseáis, porque no pedís. Pedís, y no recibís, porque pedís mal, para gastar en vuestros deleites.*
>
> Santiago 4:1–3

Santiago nos da dos razones por las que nuestras oraciones no son contestadas. La primera es porque simplemente no pedimos. La segunda es que pedimos «*mal*», pedimos con motivaciones erradas, pedimos con deseos carnales, pedimos con una intención carnal que es «*para gastar en vuestros deleites*».

Muchos de nosotros somos culpables de tomar las bendiciones de Dios y gastarlas en nuestros propios deleites. ¿Deberíamos preguntarnos por qué no obtenemos una respuesta inmediata la próxima vez?

Si tú constantemente vives y trabajas para la carne, producirás las obras de la carne y la muerte. Sin embargo, si tú vives y trabajas en acuerdo con el Espíritu de Dios, produces vida. Esta es la razón por la que tu carne resiste andar en el Espíritu.

Tú carne resiste cualquier cosa que la vaya a poner bajo sumisión. Tu carne no desea ayunar. Debes insistir o ser condenado a estar siempre controlado por la carne y el mal. Y porque esto es así, la carne pondrá toda excusa imaginable para impedir que ayunes. Unas de las más comunes son:

No estás listo para ayunar.
Ahora no es el mejor momento.
No tienes tiempo para buscar realmente el rostro de Dios, por lo que podrías esperar por otra oportunidad.
Tu ayuno puede ofender a otros miembros de tu familia.

Cuando tú quieras ayunar y acercarte a Dios, espera que el Enemigo de tu alma haga que se te ocurra toda manera posible en que tú puedas evitarlo. El no desea que tú ayunes. En el mismo momento en que deseas ayunar, él te presentará algunas invitaciones irresistibles para comer. Te presentará un plato bien hecho en una propaganda. Hará que te acuerdes de todas tus comidas favoritas. Te pondrá obstáculos que nunca imaginaste.

ORACIÓN Y AYUNO

El Dios al que servimos es el mismo Dios que envió el maná en el desierto. El alimentó a multitudes con unas pocas rebanadas y pescados. Cuando vino a la tierra como hombre, fácilmente El pudo haber tornado las piedras en pan para satisfacer Su hambre; pero no lo hizo. Estaba determinado a someter la carne de Jesús de Nazaret, el hombre, a Su Padre celestial de manera que pudiera tener el poder de Dios en Su vida. Cuando Su período de ayuno y oración terminó, un ministerio de liberación y milagros se puso en marcha con Jesús. Y ese mismo poder espera por cada uno de nosotros que se atreva a creer en Dios y obedecerle.

Cuando tus oraciones se ven influenciadas por la carne, no son oraciones apropiadas. Santiago conocía a creyentes que pedían «mal». Sus motivaciones no eran buenas. Estaban pidiendo por razones egoístas. El Padre, en amor y misericordia, tuvo que no dar oído a sus peticiones. El sabe lo que es bueno para nosotros. Sabe lo que nosotros podemos manejar; y El desea toda la gloria. Cuando la carne intenta glorificarse en lo bueno de Dios, Dios se ve forzado a contener Su bendición. El no puede dar a la carne ninguna razón para glorificarse.

Por ejemplo, Dios no puede seguir bendiciendo a mucha gente en su trabajo porque, si lo haría, ellos se llevarían todo el crédito por las cosas que El hace. El desea toda la gloria. Daniel decía: «*Suyos son el poder y la sabiduría*» (Daniel

2:20). Dios desea toda la gloria. La carne debe ser crucificada.

Crucifica a tu carne de manera que Dios pueda recibir la gloria en tu vida. Si puedes poner a tu carne fuera del camino, tus pasos serán *«ordenados por Jehová»* (Salmo 37:23). Si puedes poner a tu carne fuera del camino, el Espíritu podrá tener completa libertad para hacer lo que El desea, en ti y a través de ti. Si puedes poner a tu carne fuera del camino, tendrás mayor claridad y sensibilidad en el Espíritu para pedir, y recibirás una respuesta.

Cuando somos dominados por la carne, ni siquiera sabemos por qué orar. Pensamos que sabemos lo que necesitamos. Pero somos como los niños pequeños. Cuando nos acercamos más a Dios, a través del ayuno y la oración, empezamos a darnos cuenta de lo que REALMENTE necesitamos. Dios sabe mejor que nosotros lo que necesitamos. El puede mostrarnos las prioridades. El también puede mostrarnos exactamente cómo recibir lo que necesitamos.

David se convirtió en el rey ungido de Israel porque aprendió el secreto de poner a su carne fuera del camino para que Dios pudiera trabajar en él. El decía:

Mis rodillas está debilitadas a causa del ayuno, y mi carne desfallece por falta de gordura. Salmo 109:24

David sentía sus rodillas debilitadas por el ayuno, pero le dio un espíritu fuerte. Puso a su carne en sumisión. El esperaba en la presencia de

Dios, en oración y ayuno, hasta que Dios lo ungía para hacer proezas.

¿Por qué es que oramos solamente cuando tenemos un problema? ¿Por qué pasamos tiempo en oración solamente cuando estamos en crisis? A Dios, no le agrada esto.

Cuando andamos en fe y no vemos ninguna respuesta, creo que es porque hay muchos pequeños impedimentos en nuestras vidas que necesitan ser quitados.

Si podemos disciplinar el cuerpo, nuestros espíritus se volverán instrumentos útiles para Dios. Pablo aprendió la lección.

> *Sino que golpeo mi cuerpo, y lo pongo en servidumbre, no sea que habiendo sido heraldo para otros, yo mismo venga a ser eliminado.*
> 1 Corintios 9:27

El ayuno quiere decir que tú estás decidido a caminar de victoria en victoria. El ayuno construye tu fe para lograrlo. El ayuno quita las debilidades de tu vida y te deja fuerte para enfrentar las batallas de la vida. Pablo se quedó en la presencia de Dios hasta que recibió la respuesta que necesitaba.

> *derribando argumentos y toda altivez que se levanta contra el conocimiento de Dios, y llevando cautivo todo pensamiento a la obediencia a Cristo.*   2 Corintios 10:5

El ayuno nos ayuda a derribar aquellos «*argumentos*» y esas «*altiveces*» que se exaltan a sí mismas «*contra el conocimiento de Dios*». El ayuno nos ayuda a poner cada pensamiento bajo la cautividad de la obediencia a Cristo, como nada más puede hacerlo. El ayunar te capacita para conquistar los malos pensamientos de tu mente carnal.

Pablo enseñaba sobre las experiencias de oración que pocas personas tienen en estos días.

> *orando en todo tiempo con toda oración y súplica en el Espíritu, y velando en ello con toda perseverancia y súplica por todos los santos.*   Efesios 6:18

¿Cómo oras con «*toda oración*»? En otras palabras, debemos emplear todo método disponible para nosotros en oración. A muchos de nosotros se nos ha enseñado un solo método de oración. El método que la mayoría conoce es el «angustioso». Con ello quiero decir que ellos claman a Dios solamente en emergencias extremas, cuando están en graves problemas. Aquellos que no van más allá en su vida de oración, nunca aprenden cómo alabar a Dios de manera eficaz. Sin embargo, Jesús nos enseñó que lo primero que debemos hacer en oración es darle a El la gloria y el honor que merece.

Muchos llevan consigo su larga lista de deseos a su período de oración y ayuno. Nunca esperan en Dios por Su sabiduría, Su conocimiento, y Su entendimiento. Están muy ocupados pidiéndole cosas.

Si todavía estamos en la fase «qué puedo obtener», todavía somos carnales, y nada espirituales. Dios no está buscando oportunistas. El está buscando gente que Le ame y Le aprecie y desee construir una relación con El simplemente porque Le aman, y no por lo que ellos puedan obtener a cambio. Lo que podemos obtener es simplemente un beneficio de la relación que podemos construir con nuestro Padre.

No está mal obtener cosas de Dios. Hay muchas cosas que necesitamos y que El desea suplirnos. Pero el Espíritu de Cristo no es el Espíritu de obtener, es el Espíritu de dar. Por esta razón las Escrituras declaran:

Dios ama al dador alegre. 2 Corintios 9:7

Antes de que empecemos a pensar qué necesitamos de Dios, hay otras cosas que podemos darle. Empieza por darle tu corazón, luego dale tu alabanza, luego dale tu tiempo.

Orad sin cesar. 1 Tesalonicenses 5:17

Orar significa pensar con alguien. Cuando decimos: «Estoy orando por ti», queremos decir «Estoy de acuerdo contigo. Pienso contigo». De manera que cuando oramos, pensamos o razonamos con Dios.

Pablo quería decir: «No dejen de orar. No dejen de pensar con Dios. Desarrollen un estilo de vida de oración».

Orar no siempre es fácil, y orar siempre no es fácil. Algunas personas oran solamente por pocos minutos, y no tienen más que decir. Si ese es el caso en tu vida, podría ser porque no conoces la Palabra de Dios. Su Palabra revela Su corazón.

Revela lo que es importante para Él. Revela lo que Le entristece y lo que Le alegra.

Algunas oraciones no son oraciones para nada sino quejas a Dios. Ese tipo de oración no puede agradarle. En la medida en que tú aprendas Su Palabra, aprenderás lo que Le agrada.

Uno de los peores aspectos de la carne es el orgullo. El orgullo te llevará directo a los brazos de Satanás, mientras que un espíritu quebrantado y humillado te llevará directo a los brazos de Dios. El ayuno destruye el orgullo, algo con lo que cada uno de nosotros debe luchar a intervalos regulares en nuestra vida. El ayuno produce una humildad de espíritu. Te hace asequible a ser enseñado. ¡Cuánto necesitamos este beneficio del ayuno, en particular en estos días!

Una cosa es segura: El ayunar nunca te hará bajar espiritualmente. Cuando desarrollas un hábito regular de ayuno, solamente puedes ir hacia arriba espiritualmente.

Tu carne se va a quejar. Dirá que se está muriendo, que se está poniendo fea, que está enferma y débil. No te rindas a la carne. Sométete al Espíritu de Dios. Quieres que la carne muera, y jamás lamentarás haberla crucificado. La promesa de las Escrituras es:

Porque el ocuparse de la carne es muerte, pero el ocuparse del Espíritu es vida y paz.

Romanos 8:6

Utiliza la oración y el ayuno como un instrumento para darle a la carne un golpe mortal.

CAPÍTULO 9

LA NECESIDAD DE OÍR LA VOZ DE DIOS

*Aquel siervo que conociendo la voluntad de
su señor, no se preparó, ni hizo conforme a su
voluntad, recibirá muchos azotes.*
Lucas 12:47

Ya que Cristo es nuestro Señor y Salvador y,
debido a que nosotros dependemos totalmente
de El, lo más importante es que nosotros conoz-
camos Su voluntad en cualquier momento dado.
Esta es el área donde muchos cristianos fallan.
Para conocer la voluntad de Dios es necesario
vivir cerca de El y escuchar Su voz.

La oración y el ayuno te hacen sensible a la
voz del Señor. Te capacita a escucharle sobre el
ruido ensordecedor de otras voces alrededor de
ti. ¿Qué podría ser más importante?

Por haber dejado de ayunar, muchos
cristianos han dejado de escuchar la voz de Dios,

y intentan conocer la voluntad de Dios para sus vidas en la manera que puedan, algunos por señales. Ya no están seguros de que Dios oirá sus oraciones y les responderá de manera personal. Así que, ellos han establecido tres señales: Una significa SI, la segunda significa NO, y la tercera significa ESPERA. ¡Qué vergüenza que los hijos de Dios ya no esperen escuchar Su voz!

Si tú tienes un hijo que viene a ti y te pide algo, y tú sólo puedes responder: «Espera», el niño se pondrá impaciente y proseguirá a coger algo que se le ha dicho que no en ese momento. Dios desea dar a Su pueblo respuestas específicas y detalladas a la oración, y no decirles simplemente que esperen.

La oración y el ayuno te hacen sensible a la voz del Señor. Te capacita a escucharle sobre el ruido ensordecedor de otras voces alrededor de ti. ¿Qué podría ser más importante?

Si tú le dices a tu hijo de diez años que quieres darle un carro pero que debe esperar, eso lo agobiará. Ansiosamente esperará el día en que estés lejos y, entonces, tomará las llaves del carro, e irá a dar una pequeña vuelta. Los resultados pueden ser desastrosos. La mayoría de nosotros sabemos que no debemos hacerlo. Cuando nuestros hijos de diez años nos piden conducir, les decimos: «NO», porque les amamos, y sabemos cómo manejarlos. Cuando tienen más edad y muestran madurez y responsabilidad, el NO es levantado, y se convierte en un SI.

Dios sabe lo que podemos manejar. El sabe lo que es bueno para nosotros. El sabe lo que haremos con lo que nos da. El no tiene que responder en términos indeterminado. Sus respuestas son específicas y puntuales.

Por no escuchar más la voz de Dios claramente, muchos hijos de Dios actúan como inmaduros chicos de diez años, metiéndose en problemas en el proceso. Es tiempo de crecer y portarnos como creyentes adultos.

Cada decisión que tomamos debe ser inspirada por Dios. Cada movimiento que hacemos debe ser ordenado por El. Si nuestras decisiones y movimientos no son inspirados por Dios, de acuerdo a su voluntad para nuestras vidas, no tenemos garantía de tener éxito en lo que hacemos.

Dios no está tratando de esconder Su voluntad o de hacerla un misterio difícil de descubrir. El desea poder comunicarte a ti siempre lo que El ha determinado bien para tu vida. Entonces, El espera que tú le busques.

Mas BUSCAD primeramente el reino de Dios y su justicia, y todas estas cosas os serán añadidas. Mateo 6:33

Pedid, y se os dará; BUSCAD y hallaréis; llamad, y se os abrirá. Mateo 7:7

para que BUSQUEN a Dios, si en alguna manera, palpando, puedan hallarle, aunque ciertamente no está lejos de cada uno de nosotros.   **Hechos 17:27**

Si, pues, habéis resucitado con Cristo, BUSCAD las cosas de arriba, donde está Cristo sentado a la diestra de Dios.
         Colosenses 3:1

BUSCAD a Jehová mientras puede ser hallado, llamadle en tanto que está cercano.
         Isaías 55:6

Cuando BUSCAMOS al Señor, El promete que será encontrado por nosotros.

y me BUSCAREIS y me hallaréis, porque me buscaréis de todo vuestro corazón.
         Jeremías 29:13

Buscar al Señor y ayunar van juntos. Es difícil buscar al Señor «*con todo el corazón*» cuando tienes el estómago lleno. Deseamos escuchar de Dios, pero la carne desea hacer lo suyo. La carne nos pide estar cómodos.

¡Ponte más cómodo!
¡Prende el aire acondicionado!
¡Trae una bebida fría del refrigerador y algo para comer!
¡Acuéstate en el sofá!
¡Ahora, relájate!

Y, no después de mucho, estamos bostezando, y todos los pensamientos de buscar a Dios se han perdido.

ORACIÓN Y AYUNO

Es increíble cuánta gente duerme en la iglesia. Comen antes de irse, y las bancas son muy cómodas. El salón está un poco más abrigado debido a la multitud, la música es relajante, y, entonces, no después de mucho, empiezan a roncar.

Otra de las razones por la que la gente duerme en la iglesia es por la atmósfera de paz y poder que prevalece en la casa de Dios. Algunos que no pueden dormir bien en casa pueden hacerlo en la iglesia. Pero eso no lo hace correcto. Cuando duermes en la iglesia, pierdes lo que Dios desea hacer en tu espíritu en ese momento. Cuando duermes en la iglesia te estás privando a ti mismo de las bendiciones, tanto espirituales como físicas, que Dios desea darte. El ayuno puede resolver este problema.

Aquellos que nunca ayunan casi nunca ven visiones, y casi nunca tienen sueños espirituales. El comer demasiado nos produce pesadillas, y soñamos sobre cualquier cosa, excepto aquello que glorifica a Dios.

Cuando ayunamos y esperamos en la presencia de Dios, El nos hablará de muchas maneras diferentes. El pondrá una palabra en nuestro espíritu. Nos dará una visión o un sueño. El nos habla a través de las circunstancias, a través de la naturaleza, a través de una experiencia de la vida o de la predicación. No dejes de ayunar hasta que escuches de Dios.

Cuando yo ayuno, yo espero escuchar de Dios. Espero que El se revele a Sí mismo a mí de una manera mayor. Espero recibir la instrucción específica que necesito para mi vida personal y para mi ministerio. Espero que El me corrija en las áreas dónde me falta. Espero que El me mostrará las cosas acerca del porvenir. Y El nunca me falla.

No está mal esperar respuestas a tus oraciones. Cuando yo hablo con Dios, yo espero que El me va a responder. Yo sé que El me escucha, y sé que me responderá. No está mal esperar escuchar de Dios. El espera ansiosamente revelarnos cosas, si sólo nos dedicáramos el tiempo de buscarle.

Conocer la voluntad de Dios es la mayor lucha que muchos cristianos tienen que enfrentar en la vida.

> *¿Es la voluntad de Dios que yo me case?*
> *¿Es esta persona apropiada para mí?*
> *Señor, quiero conocer Tu voluntad.*
> *¿Es la voluntad de Dios que haga negocios?*
> *¿O debo entrar al ministerio?*

Son preguntas importantes. Conocer y obedecer la voluntad de Dios para nuestras vidas significa la diferencia entre el éxito o el fracaso. Nosotros desesperadamente deseamos conocer Su perfecta voluntad para hoy. Podríamos evitar tantas de las tragedias de la vida y ser tan bendecidos, si fuéramos más conscientes de lo que Dios desea.

Muchas de las decisiones que se hacen en la sociedad en Occidente, sean políticas, sociales, espirituales, económicas o educacionales, se efectúan en una cena. ¡Imagínense el impacto que podríamos lograr si todos nuestros planes se hicieran en base a una dedicación al ayuno y oración!

La única manera de conocer realmente la voluntad de Dios es poner a la carne a un lado lo suficiente para oír Su voz y descubrir Su corazón. **Esto, en sí, es razón suficiente para concertarse en ayuno y oración.**

CAPÍTULO 10

LA NECESIDAD DE PODER

Entonces Jesús fue llevado por el Espíritu al desierto, para ser tentado por el diablo. Y después de haber ayunado cuarenta días y cuarenta noches, tuvo hambre.
Mateo 4:1–2

Jesús es nuestro ejemplo. El fue *«llevado por el Espíritu al desierto»*. Allí El ayunó *«cuarenta días y cuarenta noches»*. El no fue allí para ser visto por los hombres. No fue allí por seguir alguna tradición de sus padres. El fue allí para obtener el poder de Dios en Su vida; y cuando volvió de aquel solitario lugar, no hubo enemigo que pudiera resistirle. Era ya poderoso.

Como Dios ungió con el Espíritu Santo y con Poder a Jesús de Nazaret, y cómo éste anduvo haciendo bienes y sanando a todos los oprimidos por el diablo, porque Dios estaba con él.   Hechos 10:38

ORACIÓN Y AYUNO

Cuando Jesús volvió a la sinagoga de Nazaret, se le honró como a un visitante, y se le dio el privilegio de leer las Escrituras en público. El libro le fue entregado, y El leyó de Isaías:

El Espíritu del Señor está sobre mí, por cuanto me ha ungido para dar buenas nuevas a los pobres; me ha enviado a sanar a los quebrantados de corazón; a pregonar libertad a los cautivos, y vista a los ciegos; a poner en libertad a los oprimidos; a predicar el año agradable del Señor. Lucas 4:18–19

Habiendo terminado la lectura, Jesús dijo a la congregación: «*Hoy se ha cumplido esta Escritura delante de vosotros*» (Lucas 4:21). Esperar en Dios del Padre en oración y ayuno había dado una unción especial a la vida de Jesús, y esta unción especial le permitió hacer las obras de Dios. ¡Oh, cuánto necesitamos el poder de Dios en nuestras iglesias hoy en día!

En la gran mayoría de las iglesias, se da mucha atención a ver que los pecadores sean salvos y vengan al conocimiento de Cristo. Una vez que ellos son salvos, sin embargo, se hace muy poco para asegurarse de que ellos reciban una unción del Espíritu Santo, se hagan eficaces, y vayan a vivir vidas victoriosas. Una vez que ellos nacen de nuevo, les abandonamos, en un sentido, y los dejamos como niños indefensos, e incapacitados contra los intentos del Maligno.

Una razón por la que no vemos la demostración milagrosa del poder de Dios en nuestras iglesias en estos días es porque tenemos anfitriones religiosos en el púlpito. Los ministros han sido entrenados para ser elocuentes oradores, y nos hablen muchas cosas bonitas, usualmente justo lo que deseamos escuchar. Después de haber escuchado algunos de sus complacientes sermones, llegamos a ser complacientes, y dejamos de buscar lo mejor de Dios para nuestras vidas.

Los políticos han aprendido a poner cierto «giro» a las cosas de manera que se oigan aceptables. Aquellos que trabajan en el medio de las noticias han hecho lo mismo. Ahora, los predicadores están aprendiendo esta táctica. Ahora es posible sentarse en sus cultos, semana tras semana, sin sentirse incómodos jamás, sin sentirse desafiados jamás. Ellos te hacen sentirte totalmente satisfecho con tu presente posición en Dios.

Este es, sin duda, el día del cual Amós profetizó:

> *He aquí vienen días, dice Jehová el SEÑOR, en los cuales enviaré hambre a la tierra, no hambre de pan, ni sed de agua, sino de oír la palabra de Jehová. E irán errantes de mar a mar; desde el norte hasta el oriente discurrirán buscando palabra de Jehová, y no la hallarán. En aquel tiempo las doncellas hermosas y los jóvenes desmayarán de sed.*
>
> Amós 8:11–13

Hoy en día la gente viaja grandes distancias cuando saben que la verdadera Palabra del Señor se predicada. Y, debido a que tienen tanta hambre de algo más real, desafiante y transformador, no es poco común que la gente conduzca kilómetros o viaje medio país por una conferencia especial. La Palabra de Dios se está cumpliendo. El pueblo tiene hambre de lo sobrenatural.

Los creyentes están enfatuados con famosos evangelistas que tienen señales y maravillas en sus ministerios. No es poco común para los cristianos cruzar el país para ver a un evangelista. Lo triste es que muchas de esas personas nunca harán el sacrificio necesario para ver esos mismos milagros en sus propias vidas. Un ministerio tiene un costo.

La gente tiene hambre de lo sobrenatural. Y, debido a que no se lo puede encontrar en la iglesia, muchos se están volviendo a las religiones orientales y al pensamiento de «La Nueva Era». El pueblo hambriento es susceptible al engaño.

Algunas práctica malignas han sido adoptadas en las corporaciones disfrazado de «entrenamiento para la productividad». Prácticas del extranjero están siendo enseñadas en los seminarios auspiciadas por las grandes corporaciones en este país. Muchos falsos profetas han entrado al mundo, y mucha gente está siendo engañada y están, en su momento, engañando a otros.

La Iglesia del Señor Jesucristo debe volver a sus fundamentos e interesarse seriamente en la batalla para el alma del hombre moderno. Debemos retornar al Evangelio simple y al poder de Dios que nos permita pararnos contra cualquier enemigo.

Ningún fondo ni ninguna reeducación del pueblo puedan parar esta tendencia hacia lo oculto. La única esperanza es que el pueblo de Dios se levante indignado y tome el control de la situación. La única esperanza de revertir las ganancias del Enemigo es a través de la oración y el ayuno concertados.

Por más de veinte y cuatro años he vivido para la Palabra de Dios. Nada es más importante para mí, y da resultados. Puedo confiar en ella, nunca falla. Puedo predicarla sin reservas. Por lo tanto, yo no quiero predicar la teoría de la Palabra, sin ver su poder en acción. Yo quiero ver la Palabra hacer su trabajo. Quiero ver el poder de Dios transformando vidas. No tengo interés en un juego de niños que se llama: la iglesia. Estoy enojado contra el demonio, y estoy decidido a no cederle ni un centímetro.

Agradezco a Dios por los milagros que he experimentado en mi ministerio. En cuatro ocasiones diferentes he visto a los muertos levantarse. (Y no quiero decir gente que se había desmayado. Quiero decir gente que ya no respiraba, gente que estaba muerta). El poder de Dios les volvió a la vida.

Muchos líderes religiosos nos dirían:

Eso es imposible.
Eso ya no ocurre más.

ORACIÓN Y AYUNO

Ese tipo de milagro pasó junto con la era
apostólica.
Cuando los discípulos murieron, sus dones
murieron con ellos.
No podemos esperar ver lo que ellos vieron.

Sin embargo, yo he visto paralíticos andar, tal y como lo vieron los primeros apóstoles. Yo he visto abrirse los ojos de los ciegos, como los apóstoles lo vieron. He visto sanarse a los ciegos y sordos, como lo vieron los apóstoles. He visto a Dios sanar heridas abiertas ante mis ojos. Y sucedió porque yo ayuné y oré, como lo hicieron los apóstoles.

Un hombre por el cual oré estaba tan enfermo mentalmente que debía ser encadenado a un árbol. Su nombre era Yeboah, pero muchos lo llamaban «el animal salvaje». Cuando estaba suelto, temerariamente destruía vidas y propiedades. Estaba tan poseído que comía su propio excremento. En muchas ocasiones, recibió poder sobrenatural, y rompía las cadenas que lo sostenían. Ninguna medicina parecía poder sedarle. Pero lo vi liberado a través de la oración y el ayuno. El poder de Dios es mayor que cualquier otro, y podemos ser ponernos en contacto con ese poder a través de la oración y el ayuno; porque la oración y el ayuno abrirán tu espíritu a lo sobrenatural.

Muchos ministros están predicando más como los activistas por los derechos civiles de estos días, antes que como hombres de liberación. No hay poder en su mensaje; no hay unción en sus manos; y nada sucede bajo su liderazgo. Muchos de ellos son buenas personas. Son bien parecidos, inteligentes, y gentiles. Pero han perdido el poder de Dios. Entonces, ¿qué tienen para ofrecer?

Muchos de nosotros somos impresionados por una buena predicación. «El es un buen predicador», decimos. «Ella sabe comunicar. Sabe cómo llegar al punto». Pero, ¿dónde están los milagros? ¿Dónde está el poder de Dios? Una cosa es tener una lengua de espada y otra ver y experimentar el poder de Dios de manera regular. La predicación puede ser entretenida sin cambiar nuestras vidas para nada. Puede ser placentera a los oídos y vacía del poder de Dios.

El intelecto no echa fuera demonios. Si lo hiciera, estaríamos llamando a profesores para que liberaran a la gente atormentada. Los hombre y mujeres de poder, sin importar sus estatus en la vida, son usados por Dios para echar fuera espíritus malignos.

Si tus necesidades espirituales no están siendo satisfechas por tu pastor, es tiempo de sacudir el polvo de tus pies e ir a otro lugar, donde puedas ser alimentado, un lugar donde se demuestre el poder de Dios. Comprendo que tal paso no siempre es fácil. La gente se rehusa a cambiarse de una iglesia a otra por muchas razones.

«Mi abuela creció en esta iglesia», dicen. Tienen muchos amigos en su vieja iglesia. ¿Y será mejor otra iglesia?

**La oración y el ayuno abrirán tu espíritu
hacia lo sobrenatural.**

Entiendo estas reservas, pero no te quedes
en una iglesia muerta sólo porque tus abuelos
fueron miembros de ella. Encuentra una iglesia
que actúe seriamente por Dios. Tu alma y el alma
de los miembros de tu familia están en riesgo.
Busca una iglesia donde la gente ame a Jesús lo
suficiente para buscar Su rostro y presentar Su
Palabra con poder y gloria. Busca una iglesia que
tenga más que unos pocos minutos de oración.
Busca una iglesia donde el ayuno sea enseñado y
practicado. Cualquier iglesia que no se haya invo-
lucrado en la oración y el ayuno está destinada a
fallar. En toda iglesia, a aquellos que tenga posiciones serias dentro del ministerio, se les debe
requerir ayunar. Busca una iglesia donde esto sea
así.

Yo estoy convencido que la mayoría de milagros, las sanidades, y las señales y prodigios que
vemos en nuestro ministerio son el resultado de
la oración y el ayuno. Debido a ello, el ayuno no
es una carga pesada para mí. Es un gozo. ¿Cómo
pudiera yo no ayunar? Mientras que otros buscan
una buena comida, yo busco la oportunidad de
encerrarme con Dios sin distracciones y acer-
carme a mi Padre celestial.

Cualquier iglesia que no haya aprendido a orar
y ayunar no tendrá una demostración efectiva de
los dones del Espíritu, que son demostraciones
del poder de Dios en nuestro medio. Muchas de

las que pasan como manifestaciones de los dones del Espíritu en estos días, las profecías y las palabras de ciencia, son ineficaces porque mucha de la gente profetizando o dando palabras de ciencia no ha pasado tiempo con Dios. Sus palabras son superficiales. Muchos de los que se llaman a sí mismo «profetas» nunca han ayunado más de unas pocas horas. Ellos sólo ayunan entre comidas. ¿Cómo pueden ellos conocer la mente de Dios?

Algunas personas que dan una palabra de ciencia cambian de opinión dos o tres veces antes de decirlo finalmente. Pero Dios no habla de esa manera. El habla específicamente. Esas personas necesitan ayunar y orar más. Dios puede decirte exactamente lo que está mal en una persona; puede decirte donde viven; puede decirte lo que les gusta comer. Permite que Dios sea específico. Busca una iglesia en donde los dones genuinos, demostraciones genuinas del poder de Dios, se evidencien.

Muchas personas, cuando piensan en buscar una iglesia hogar, siempre piensan primero en la «amistad» o el «amor». Si bien es bueno buscar gente que brinde amor, debemos recordar que el verdadero amor de Dios, Su compasión, se manifiesta solamente a través de Su poder. Cada uno tiene una medida de amor, aun la gente del mundo. El amor de Dios, Su «compasión», es otro nivel de amor, al que el mundo no puede esperar llegar.

El ministerio de Jesús fue efectivo porque El «*tenía compasión*».

> *Y al ver a las multitudes, tuvo* **compasión** *de ellas; porque estaban desamparadas y dispersas como ovejas que no tienen pastor.*
>
> Mateo 9:36

> *Y saliendo Jesús, vio una gran multitud, y tuvo* **compasión** *de ellos, y sanó a los que de ellos estaban enfermos.* Mateo 14:14

> *Y Jesús, llamando a sus discípulos, dijo: Tengo* **compasión** *de la gente, porque ya hace tres días que están conmigo, y no tienen qué comer; y enviarlos en ayunas no quiero, no sea que desmayen en el camino.*
>
> Mateo 15:32

> *Entonces Jesús,* **compadecido***, les tocó los ojos, y en seguida recibieron la vista; y le siguieron.* Mateo 20:34

> *Y Jesús, teniendo* **misericordia** *de él, extendió la mano y le tocó, y le dijo: Quiero, sé limpio.* Marcos 1:41

Jesús era el Hijo de Dios, Dios encarnado. El es amor; porque Dios es amor. Sin embargo, para ministrar eficazmente, El tenía que ser movido a compasión. El recibió este amor que proviene de Dios por esperar en la presencia del Padre en oración y ayuno.

Si Jesús necesitaba un toque especial del Padre para ministrar eficazmente, ¡cuánto más necesitamos nosotros que Dios haga este milagro en nosotros! No todas las iglesias que afirman amar tienen compasión genuina. No te dejes engañar por substitutos.

Un viejo dicho africano dice: *Una gallina muerta no puede empollar huevos frescos.* Pon buenos huevos bajo una gallina muerta y los huevos morirán también. Algo muerto no puede dar vida. Algo carente de poder no puede generar poder.

Sin oración y ayuno no puedes llegar al fondo del Evangelio. No puedes obtener lo mejor de Dios para tu vida. No puedes experimentar todo lo que El ha prometido. Las promesas de Dios no son para los carnales. Están reservadas para aquellos que caminan en el Espíritu.

Y por la importancia que tiene, Jesús hizo del ayuno un requisito para la iglesia. El dijo:

> *¿Acaso pueden los que están en bodas tener luto entre tanto que el esposo están con ellos? Pero vendrán días cuando el esposo les será quitado, y entonces ayunarán.* Mateo 9:15

Considerando la falta de oración y ayuno, no es de extrañarse que muchas iglesias vean milagros muy rara vez. No es de extrañarse que el poder de Dios nunca se manifieste en su medio. **El poder de Dios viene a aquellos que le buscan.**

Capítulo 11

La necesidad de más fe

Temamos, pues, no sea que permaneciendo aún la promesa de entrar en su reposo, alguno de vosotros parezca no haberlo alcanzado. Porque también a nosotros se nos ha anunciado la buena nueva como a ellos; pero no les aprovechó el oír la palabra, por no ir acompañada de fe en los que la oyeron. Pero los que hemos creído entramos en el reposo, de la manera que dijo: Por tanto, juré en mi ira, no entrarán en mi reposo; aunque las obras suyas estaban acabadas desde la fundación del mundo.

Hebreos 4:1–3

Las promesas de Dios se han dado a la gente de todos los siglos. Cuando estas promesas no fueron creídas, sin embargo, cuando la Palabra no fue «*acompañada de fe*», no hubo resultados. Las bendiciones de Dios no son automáticas. La

Palabra «*acompañada de fe*» produce las bendiciones de Dios en nuestras vidas.

Aquellos que creen en la Palabra de Dios entran en el «*reposo*» de Dios. Esto significa que si tú recibes la Palabra de Dios y caminas por fe, siempre reposarás en el Señor. Nada entorpecerá tu paz. Nada te perturbará. Aquellos que no obedecen a esta advertencia viven en constante ansiedad y confusión.

Nada puede ser más importante en nuestras vidas cristianas que nuestra fe. Somos salvos por fe. Somos sanados por fe. Recibimos milagros por fe. Recibimos y operamos los dones del Espíritu por fe. Todo lo que hacemos es por fe, como ya lo hemos visto:

> *Pero sin fe es imposible agradar a Dios; porque es necesario que el que se acerca a Dios crea que le hay, y que es galardonador de los que le buscan.*   Hebreos 11:6

Dios se siente agradado cuando creemos en El. El nos ama y desea lo mejor para nosotros. Todo lo que El hace es para nuestro beneficio. Nuestra fe en Su bondad pone en movimiento las fuerzas del universo. Nuestra fe, entonces, se fundamenta en EL.

> *Porque no tenemos un sumo sacerdote que no pueda compadecerse de nuestras debilidades, sino uno que fue tentado en todo según nuestra semejanza, pero sin pecado. Acerquémonos, pues, confiadamente a trono*

*de la gracia, para alcanzar misericordia y
hallar gracia para el oportuno socorro.*

Hebreos 4:15–16

Jesús es nuestro Sumo Sacerdote. El pudo llevar Su propia sangre derramada y presentarla en la presencia de Dios. Con Su sangre El hizo un pacto con nosotros. Ahora, nosotros estamos cubiertos con Su sangre. En razón de ello, podemos venir «*con confianza*» a Su presencia. Este es el fundamento de nuestra fe.

Nuestra fe no se basa en lo que vemos. Los aviones dejan un rastro de humo en el cielo. A veces podemos ver el humo y no el avión. No podemos ver al Señor con nuestro ojos físicos, pero El siempre está allí. ¡Qué maravilloso Sumo Sacerdote tenemos!

Necesitamos despertar y levantarnos en fe para un maravilloso día. Necesitamos caminar en la fe de que Dios cuida de nosotros y que todo será hecho para nuestro bien. Necesitamos ir a la iglesia con la fe de que vamos a reunirnos con Dios y que El nos va a tocar en el área de nuestra necesidad.

Muchas personas van a la iglesia con problemas serios. Escuchan a la predicación o a la enseñanza, pero no pueden beneficiarse de lo que oyen. No pueden apropiarse de ello. El mensaje entra por el un oído y sale por el otro.

El problema no es que Jesús no entienda la situación. El la entiende. El fue tentado en todo. El sabe por lo que pasan los drogadictos. El entiende las presiones económicas que forzan a algunas mujeres (y a algunos hombres) a la prostitución. No hay problema que se pueda concebir que sea demasiado grande para El. El problema es que necesitamos creer en El. Necesitamos poner nuestra mente en El y hablarle con fe.

Cuando Pedro iba a hundirse en las aguas del Mar de Galilea, hizo una oración de desesperación a Dios para que le salvara. El pudo hacer esa oración porque había dado un salto de fe y había comenzado a caminar sobre el agua hacia Jesús. Mucha de la gente que hace oraciones desesperadas tienen tan poca fe que El ni siquiera puede escucharles.

Pablo escribió a los Romanos:

> *Porque en el evangelio la justicia de Dios se revela por fe y para fe, como está escrito: Mas el justo por la fe vivirá.*
>
> Romanos 1:17

«*El justo por la fe vivirá*». La fe no es simplemente una aceptación mental. Es una forma de vida. Afecta todo lo que hacemos. Nos hace caminar bien y hablar bien. «*El justo por la fe vivirá*». La fe producirá obras apropiadas. En razón de creer, se actuará sobre lo que se cree.

> *Así también la fe, si no tiene obras, es muerta en sí misma.*   Santiago 2:17

Una persona que no pone su fe a trabajar es como un hermano que ha perdido su trabajo. El podrá tener muchas habilidades, pero pronto estará en la bancarrota, porque no está trabajando.

Una corporación puede tener un personaría jurídica, pero si no produce nada y no logra nada, pronto se tambaleará.

La fe que no produce no tiene significado. Está muerta. Muchos cristianos tienen fe, pero su fe ya no respira más, o su fe es negativa. La fe opera en dos direcciones. Hay una fe positiva y hay una fe negativa. Son igualmente poderosas. Muchos cristianos esperan que todas las calamidades les ocurran, y les ocurren. Tienen fe negativa.

Permite que tu fe sea tanto positiva como viva. Permite que produzca la acción apropiada. Si no tienes voluntad de levantarte en la mañana y hacer un esfuerzo por dar sustento a tu familia, pronto no tendrás una familia a la que sustentar. Puedes levantarte cada mañana y citar docenas de versículos de las Escrituras, pero si no haces nada, tu fe es vana. No logra nada.

El obrar agrada a Dios. Es la prueba de tu fe. La fe agrada a Dios y desagrada a Satanás. El sabe si nosotros creemos o no. El sabe si dependemos de Dios o no. El sabe si pasamos tiempo con el Padre celestial o no. El sabe si esperamos en la presencia del Señor por poder y autoridad sobre él o no.

Y aquí tenemos la relación entre más fe y oración y ayuno. Si pasamos tiempo con el Padre, nuestra fe crece. Mientras más le conocemos, más sabemos sobre Su poder y gloria, y más crece nuestra fe. Y, en razón de que conocemos más del Señor, tenemos más fe en El y en Su Palabra.

Satanás tiembla cuando nosotros oramos y ayunamos. El sabe que estamos recibiendo fe para derribar su reino. El odia el ayuno. El hará todo por que nosotros no obedezcamos a Dios en oración y ayuno. ¡TODO!

Satanás sabe que si nosotros no mezclamos la Palabra con fe, nada sucede. Sabe que si no oramos con fe, nuestras oraciones no serán respondidas.

> *Y todo lo que pidiereis en oración, CREYENDO, lo recibiréis.* Mateo 21:22

> *Jesús le dijo: Si puedes creer, AL QUE CREE todo le es posible.* Marcos 9:23

> *Porque de cierto os digo que cualquiera que dijere a este monte: Quítate y échate en el mar, y no dudare en su corazón, sino CREYERE que será hecho lo que dice, lo que diga le será hecho. Por tanto, os digo que todo lo que pidiereis orando, CREED que lo recibiréis, y os vendrá.* Marcos 11:23–24

Satanás sabe que si no creemos, no seremos sanados y liberados de nuestras aflicciones.

> *Entonces Jesús dijo al centurión: Vé, y como creíste, te sea hecho. Y su criado fue sanado en aquella misma hora.* Mateo 8:13

Jesús nos enseñó a orar siempre, a orar en la voluntad de Dios para nuestras vidas (no a orar «*mal*»), y a orar con fe. Aun entonces, muchas oraciones no serán respondidas sin ayuno.

Ana desesperadamente deseaba un hijo, y creyó que era la voluntad de Dios darle uno. Ella le prometió que si Dios le bendecía con un hijo, ella lo dedicaría al servicio del Señor. Ana ayunó y oró, y creyó a Dios por el milagro. Y Dios respondió a su ejercitar de la fe.

Cuando Pedro estaba preso en prisión, era constantemente custodiado por cuatro soldados. Sus enemigos intentaban matarle tan pronto como la pascua hubiera terminado. El estaba causando muchos problemas, predicando sobre Jesucristo y sus milagros.

> **Si pasamos tiempo con el Padre, nuestra fe crece. Mientras más le conocemos, más sabemos sobre Su poder y gloria, y más crece nuestra fe. En razón de que conocemos más del Señor, tenemos más fe en El y en Su Palabra.**

Pero, antes de que ellos pudieran hacer esto, algo inusual sucedió. El ángel del Señor visitó la prisión, despertó a Pedro, y le dijo que se pusiera sus sandalias. Luego, lo condujo hacia fuera, pasando por los guardias. La puerta se abrió por sí misma, y Pedro fue puesto en libertad. Todo esto sucedió porque los creyentes estaban orando en la casa de María, la madre de Juan Marcos.

Era muy tarde en la noche y, sin duda, muchos de ellos estaban cansados. Podrían haber estado en su casa en la cama tomándose un buen descanso de la noche, pero ellos se dedicaron a interceder por Pedro.

Mientras ellos oraban, alguien llamó a la puerta. Era Pedro. El no salió corriendo a celebrar su libertad en el restaurant nocturno de la esquina. Algunas personas pierden tres libras ayunando y ganan seis al otro día atragantándose con su banquete de celebración.

Cuando fue liberado de la prisión, Pedro fue directo a la casa donde él sabía que los creyentes estarían reunidos orando. Tan seguro era esto que, cuando llegó, los escuchó orando todavía. Llamó a la puerta. La puerta fue abierta por una muchacha esclava de nombre Roda. Ella lo reconoció. Alegrándose mucho, fue hacia adentro a decirles las buenas noticias. Pero ellos no podían creerlo, y se preguntaban si ella estaría alucinando. Sólo cuando la puerta se abrió vieron que, en verdad, Dios había escuchado su clamor.

Cuando oramos, ¿esperamos que Dios nos conteste? ¿Esperamos que algo suceda? ¿Esperamos el milagro que Dios hará?

La oración y el ayuno agudizan tu esperar de manera que cuando pides, esperas recibir.

CAPÍTULO 12

LA NECESIDAD DE PREPARACIÓN

Cualquiera, pues, que me oye estas palabras, y las hace, le compararé a un hombre prudente, que edificó su casa sobre la roca. Descendió lluvia, y vinieron ríos, y soplaron vientos, y golpearon contra aquella casa; y no cayó, porque estaba fundada sobre la roca. Pero cualquiera que me oye estas palabras y no las hace, le compararé a un hombre insensato, que edificó su casa sobre la arena; y descendió lluvia, y vinieron ríos, y soplaron vientos, y dieron con ímpetu contra aquella casa; y cayó, y fue grande su ruina.
Mateo 7:24–27

Semejante es al hombre que al edificar una casa, cavó y ahondó y puso el fundamento sobre la roca; y cuando vino una inundación, el rió dio con ímpetu contra aquella casa, pero no la pudo

mover, porque estaba fundada sobre la roca.
Mas el que oyó y no hizo, semejante es al hombre
que edificó su casa sobre tierra, sin fundamento;
contra la cual el rió dio con ímpetu, y luego cayó,
y fue grande la ruina de aquella casa.
Lucas 6:48–49

Un hombre inteligente construye sobre la roca. Su casa es poderosa, y puede sobrevivir a cualquier tormenta. Un hombre de poco entendimiento construye en la arena. Su casa no está bien cimentada, y, cuando las tormentas vienen, como deben venir, caerá. En esta parábola, Jesús estaba enseñando sobre la necesidad de un fundamento apropiado, la necesidad de una preparación adecuada para la vida.

Algunas personas preguntan: «¿Por qué Dios no escucha nuestras oraciones?» La falta de fe puede ser un elemento importante de la respuesta, pero solamente un elemento. La falta de preparación tiene que ser otro elemento importante. ¡Nada puede ser más importante!

Un estudiante no puede depender de la fe cuando llega el día del examen. El debe prepararse. Cuando una persona no está preparada, se hace evidente a pesar de cuanta fe pueda tener.

Prepararse significa *el proceso de alistar algo de antemano para su uso. Preparación significa alistar algo para un proyecto.*

En años recientes hemos venido a darnos cuenta de la necesidad de una preparación en varios aspectos de la vida. Durante este mismo período hemos venido a descuidar los elementos más importantes de una preparación espiritual.

En el mundo de los negocios, la gente exitosa es gente preparada. Algunas personas no bien preparadas parecen obtener un nivel de éxito, pero rara vez dura. Los títulos significan todo en el sitio de trabajo hoy en día, y, al considerar el área técnica, todavía son más importantes.

Es más difícil documentar el área espiritual, pero no es menos importante.

La preparación es crucial en la milicia, y no hay atajos. Los soldados que no están bien preparados no duran mucho en el tiempo de guerra. Con el primer ataque del enemigo, son fácilmente vencidos.

«¿Por qué Dios no escucha nuestras oraciones?» La falta de fe puede ser un elemento importante de la respuesta, pero solamente un elemento. La falta de preparación tiene que ser otro elemento importante. ¡Nada puede ser más importante!

El entrenamiento al que se someten los atletas modernos debería desafiarnos a todos nosotros. Ellos se entrenan muchas horas al día. Algunos jugadores profesionales de fútbol levantan pesas cuatro horas al día, simplemente para endurecerse. Ellos no sólo entrenan físicamente, se entrenan mentalmente y emocionalmente también.

Los atletas son motivados por la alegría de ganar. Son motivados por la fama que su posición les trae. Y son motivados por el dinero que pueden ganar en los deportes profesionales. Nosotros tenemos mucho más que ganar, o mucho más que perder — dependiendo de tu perspectiva.

Todos nosotros reconocemos la importancia de la preparación en algunas áreas de la vida:

¿Te gustaría ir a un doctor que no fuera bien preparado?

¿Te gustaría cruzar un largo puente diseñado por un ingeniero que no fuera bien preparado?

¿Pero cuántos reconocen que, debido a que nuestra sociedad se ha vuelto tan complicada, hoy es imposible ser un buen esposo o esposa sin preparación? ¿Cuántos saben que es imposible ser un buen padre o madre sin estar preparado?

Muchos de los hombres de la parte africanoamericana de nuestra sociedad norteamericana se destruyen. Muchos están en prisión. Muchos están involucrados en actividades ilegales. La razón por la que muchos están fallando es que ellos no se han establecido una meta en la vida por la cual trabajar, y ellos no ven la importancia de la preparación.

Y, en razón de que nuestros hombres fallan, las mujeres tienen que tomar toda la responsabilidad de la familia. Cuando tienen que trabajar fuera de casa, a menudo los hijos son descuidados. Los hijos no toman sus estudios lo suficientemente en serio. Muchos de ellos carecen de iniciativa — porque sus padres no están bien preparados para la vida y, por lo tanto, son malos ejemplos para ellos.

Preparación no es una palabra agradable para muchos de nosotros. Ella habla de tiempo y esfuerzo, los cuales nosotros no queremos «desperdiciar». Es cierto que la preparación lleva tiempo. Es cierto que la preparación implica esfuerzo. Pero todo lo que en la vida tiene valor demanda tiempo y esfuerzo, y vale el tiempo y el esfuerzo que empleamos en ello.

No nos gusta como suena *preparación* porque nos hemos convertido en una sociedad que busca atajos. Cocinamos con horno de microondas. Viajamos en jets de alta velocidad. Nos comunicamos por modems y faxes. Deseamos aprenderlo todo en unos pocos pasos simples o de manual «COMO HACER». Nadie quiere hacer la tarea hoy. Nadie quiere poner el tiempo necesario para ser sobresaliente.

Los cristianos no son diferentes. Deseamos recibir los resultados de la Biblia, pero no deseamos pagar el precio de la Biblia. Siempre estamos buscando atajos. Deseamos ser bendecidos, pero no deseamos hacer lo necesario para obtener esa bendición. Así que servimos a Dios cuando sentimos hacerlo. Servimos a Dios cuando es conveniente. Servimos a Dios cuando parece encajar en nuestra esquema general de vida. O servimos a Dios cuando le necesitamos. De lo contrario, no tenemos ni el tiempo ni la energía para dedicarnos a Su propósito.

Cuando tú no está preparado, tu vida está en peligro. Estás sujeto a un constante ataque del enemigo de tu alma. El te mira como un blanco fácil. El tiempo empleado en prepararse no es tiempo desperdiciado. La preparación te hace lograr tu propósito en la vida. Si no estás preparado, fracasarás.

Me tomó casi veinte y cuatro años entender por qué tenía poder y autoridad sobre las obras del Enemigo. No hay demonio en Africa, India, Sudamérica, los Estados Unidos o Europa que pueda vencerme si yo mantengo mi relación con Dios a través de la oración y el ayuno. Todos ellos juntos no me pueden vencer. Pueden atacarme, pero no pueden ganar. Puedes decirles que yo digo así. Ellos saben dónde vivo. ¡Tal es el poder de la fuerza de oración y ayuno que hay en mi vida! Yo tengo esa seguridad tan cierto como que tengo la seguridad de la salvación.

Sé, más allá de toda sombra de duda, que soy salvo. Nadie puede convencerme de lo contrario. Yo confío en la Palabra de Dios. Nadie puede decirme que no es cierto. Y, de la misma manera, y en el mismo grado, nada puede hacerme cambiar de parecer en cuanto a mi autoridad y poder sobre las obras del Enemigo. Como un cristiano preparado, yo sé donde estoy, y puedo decirlo con firmeza.

Los ministros del Evangelio deben estar bien preparados. Muchos no desean hacer el esfuerzo o tomarse el tiempo para prepararse por completo. Cuando Dios les da un don para el ministerio, ellos creen que significa que ellos no tienen que hacer nada. Ese no es el caso. Ellos necesitan prepararse para el ministerio para el cual Dios los ha llamado. Algunos tratan de lanzarse al ministerio antes de estar preparados, y fracasan porque empiezan la casa por el tejado. Tómate el tiempo para sentarte y ser entrenado. No te impacientes.

Un ministro, a quien reconozco a un gran maestro, ha estado afiliado a mi ministerio por muchos años. Por el tiempo en que yo estoy escribiendo esto, él todavía continúa instruyéndose. El reconoce esto, y no da un salto por delante de Dios, sino que se somete totalmente a mí como su pastor.

Otro ministro a quien yo conozco bien es tan lleno de Dios que amo escucharle predicar. Si te sientes algo desanimado, júntate a él, y tu desanimo desaparecerá. El es esa clase de hombre. Sin embargo, por un período de tiempo, el iba conmigo a todas partes que yo iba, y llevaba mi Biblia. El estaba en entrenamiento.

Hay muchos otros ministros prometedores que conozco que son gente muy capaz, y tienen grandes futuros, pero por ahora están contentos con prepararse completamente. No todos son tan inteligentes.

Algunas personas no pueden sentarse nunca un momento. Ellos quieren salir y cambiar el mundo YA. Eso está bien; pero no puedes hacer eso si no estás preparado. El Llanero solitario aparentemente se hizo un héroe de televisión muy popular entre los chicos, pero Dios no honra Llaneros solitarios hoy. El desea gente preparada. Cualquiera sea tu don en particular, cualquiera sea tu vocación en la vida, deja que Dios te prepare para los días por venir.

Como pastor y profesor, no puedo pararme frente a mi congregación o a mi clase de la universidad y esperar nutrirlos si no me he preparado yo mismo. ¿Cómo puedo dar algo que no tengo? ¿Qué pensarías tú si tu madre te llama a cenar, pero olvidara preparar algo para cenar? ¡Es una idea loca, no es cierto! Créanme, es igualmente loco tratar de hacer la obra de Dios sin la preparación apropiada.

Algunos parecen conseguir pasar con poca preparación hasta que experimentan una crisis. Cuando son atacados por el Enemigo, no saben cómo reaccionar apropiadamente. Lo que hacen a veces no es muy «cristiano».

Algunos pueden solamente tomar una actitud defensiva ante todo porque nunca se les ha enseñado a tomar la ofensiva. En los deportes, la defensa es importante, pero aquellos equipos que, al final, ganan los máximos premios también sobresalen en la ofensiva. Están extremadamente bien preparados.

Cuando Dios me llamó a predicar el Evangelio, yo supe que debía prepararme. Recuerdo haberle dicho a mi madre lo que Dios había puesto en mi corazón. Ella había deseado que yo me hiciera ingeniero.

Yo pasé la mayor parte de mis vacaciones ese año predicando, y me encantaba; pero decidí no salir de la universidad. Pude terminar y no hacerlo por la carne, sino por el Señor.

Yo conocía mi propósito en la vida. Conocía mi destino. Sabía que tenía un mensaje para mi generación, pero me había decidido a darle a Dios lo mejor que yo podía ser. Me negué a abandonar mis estudios, aunque esa decisión hubiera sido muy aceptable para la mayoría de mis compañeros.

Si había un hombre en el continente africano que deseaba servir a Dios, ése era yo. Si había un hombre que deseara creer Su Palabra, ése era yo. Si había un hombre ansioso por predicar, ése era yo. También estaba deseoso de pagar cualquier precio para prepararme para la obra del Señor.

El día que me gradué, empaqué mis maletas y fui a formar una pequeña iglesia en una caseta-garage de un pequeño pueblo. Vivía allí mismo. Ponía una cobija sobre dos bancas de madera que esa era mi cama. Me quedé allí por un año. No temía probar fortuna por Dios. Mi corazón estaba preparado. Mi mente estaba preparada. Y yo estaba dispuesto a pagar el precio necesario.

La oración y el ayuno son elementos importantes en cualquier preparación espiritual, ya sea para la vida o para el ministerio. Jesús estaba bien preparado para vivir como un ejemplo de la vida cristiana, y Él estaba bien preparado para el ministerio que Su Padre le confiara. Y porque esperó en la presencia del Padre, pudo decir con firmeza:

> *El Espíritu del Señor está sobre mí, por cuanto me ha ungido para dar buenas nuevas a los pobres; me ha enviado a sanar a los quebrantados de corazón; a pregonar libertad a los cautivos, y vista a los ciegos; a poner en libertad a los oprimidos; a predicar el año agradable del Señor.* Lucas 4:18–19

Yo le agradezco a Dios por el privilegio de orar y ayunar. Después de más de veinte y cuatro años de ministerio, todavía estoy preparándome. No he llegado a la meta todavía. Cada día trae nuevos desafíos para mí, y días de más éxito quedan por delante.

La vida en sí misma es una preparación para algo mayor. Un día muy pronto nos presentaremos a las Bodas del Cordero. **Quiero estar preparado para ese día.**

Capítulo 13

La necesidad de un estilo de vida sano

*Entonces nacerá tu luz como el alba, y tu
salvación [salud] se dejará ver pronto;
e irá tu justicia delante de ti, y la gloria de
Jehová será tu retaguardia.*
Isaías 58:8

Aunque perder peso no es nuestro propósito principal al ayunar, el ayuno es una costumbre muy saludable de adoptar. Al mismo tiempo que ponemos a la carne en sujeción al Espíritu de Dios y desarrollamos una relación más profunda con nuestro Padre celestial, obtenemos el beneficio suplementario de un cuerpo más saludable. Hay muchas razones para ello:

Cuando tú ayunas, tu sistema tiene tiempo de sanarse a sí mismo. Le da a tus órganos internos el tiempo para descansar y recuperarse. Ellos funcionan mucho día tras día. ¡No es de sorprenderse

que ocasionalmente se rebelen! Muchos de nosotros abusamos de nuestros aparatos digestivos con
alimentos que no son los mejores para nosotros y
lo hacemos por largos períodos de tiempo. Más
y más, doctores se están dando cuenta de cuán
saludable es permitir a nuestro sistema tener un
tiempo de restauración.

**Aunque perder peso no es nuestro pro-
pósito principal al ayunar, el ayuno es
una costumbre muy saludable de adoptar.**

Cuando ayunamos, nuestro sistema es lim-
piado. En cierta medida, esto ocurre mientras
dormimos. Pero no siempre nos despertamos
en la mañana listos para conquistar el mundo. A
veces, se necesita más tiempo para limpiar todas
las toxinas de nuestro sistema.

El comer descontroladamente ocasiona toda
clase de daños al cuerpo. Períodos de ayuno
retornan al cuerpo su balance, y ayudan a regular
sus sistemas, de manera que todo funcione ade-
cuadamente.

Aunque el pueblo de Dios no tiene el hábito
dañino de tomar, fumar o consumir drogas,
muchos de ellos se están matando a sí mismos con
la comida — demasiada comida y alimentos que
no nos convienen. Esto no puede agradar a Dios.

Muchos temen que el ayunar será perjudicial
para la salud. Moisés ayunó cuarenta días, y
no tuvo que ser cargado para descender de la

montaña. Y, cuando bajó, su rostro resplandecía con la gloria de Dios.

Si tú sigues a Dios cuando te llama a ayunar, no te pondrás indebidamente débil. No arruinarás tu salud. Damas, el ayuno no destruirá la belleza de su piel. Si ayunan lo suficiente, la gloria de Dios se reflejará en ustedes, como lo hizo en el rostro de Moisés. Crean la promesa de Dios: *«TU SALUD SE DEJARA VER PRONTO»*.

Esto se logrará mediante el descanso de tus órganos, a través de la limpieza de tu sistema, a través de tomar el control sobre tus apetitos y desarrollar un estilo de vida más conscientemente saludable a través del milagroso toque de Dios sobre tu vida. **El ayuno es una costumbre muy saludable para adoptar.**

PARTE IV

CÓMO PUEDES ORAR Y AYUNAR MÁS EFICAZMENTE (PREPARACIÓN)

Capítulo 14

Haz un compromiso de orar y ayunar

He aquí yo derramaré mi espíritu sobre vosotros,
Y os haré saber mis palabras.
Proverbios 1:23

El primer paso para orar y ayunar exitosamente es hacer un compromiso de hacerlo. Ese compromiso es finalizado haciendo una proclamación, haciendo manifiestas tus intenciones.

La palabra *predicar* viene de la misma palabra griega *caruso*. Significa *proclamar, hacer conocido o declarar*. Cuando Jesús habló a aquellas personas en la sinagoga de Nazaret, El dijo que el Espíritu de Dios estaba sobre El para proclamar, hacer conocido, y declarar el Evangelio a los pobres. El Espíritu del Señor estaba sobre El para sanar a los quebrantados de corazón. El Espíritu del Señor estaba sobre El para proclamar, hacer conocida y declarar liberación para los cautivos. Y el Espíritu del Señor estaba sobre El para proclamar, hacer conocido, y para declarar el año agradable del Señor.

Proclamar, o hacer una cosa manifiesta, es muy importante. Las Escrituras declaran:

Porque con el corazón se cree para justicia, pero con la boca se confiesa para salvación.

Romanos 10:10

Confesamos al Señor Jesucristo, y somos salvos. En este sentido, cada cristiano es llamado a ser un predicador, uno que proclama. La primera persona a la que debemos predicar es a nosotros mismos. Debemos hablar la Palabra de Dios a nosotros mismos. Si no, nunca podremos hablar la Palabra de Dios a otros.

Una vez no es suficiente. Cada día debemos recordarnos de la gracia de Dios en nuestras vidas. Necesitamos proclamar, hacer conocido y declarar el favor de Dios hacia nosotros frecuentemente.

Cuando yo he declarado mi fe a otros, se justifica que esperen de mí que viva mi confesión o «profesión» de fe. Cuando me miran, lo harán basados en la declaración que yo he hecho. Estoy ligado a mi confesión. Cuando le digo a alguien que soy salvo, ellos esperan ver nueva vida en mí. Cuando digo que amo al Señor, se justifica que la gente espere esa declaración vivida en mis palabras y acciones.

Cuando hacemos una declaración, no estamos simplemente hablando palabras vacías. Debemos creer lo que declaramos. Hacia el final de cada año, la gente comienza a hacer sus propósitos para el nuevo año. Algunos se deciden a perder peso. Otros se deciden a dejar de fumar o a romper otro mal hábito. La gran mayoría mantiene estas bien intencionadas resoluciones sólo por pocos días. En primer lugar, no creían en lo que estaban resolviendo hacer. No lo decían en serio, y no hicieron un compromiso de corazón. Atrapados en la emoción del pasar de un año más, lo resolvieron. Pero su resolución no fue muy eficaz. Nuestra proclamación, nuestro compromiso debe ser diferente a la resolución humana.

El primer paso para orar y ayunar exitosamente es hacer un compromiso de hacerlo. Ese compromiso es finalizado haciendo una proclamación, haciendo manifiestas tus intenciones.

Muchos cristianos, en algún momento u otro, han hecho un compromiso de ayunar «después de los días feriados». Pero después de estos días, alguien nos invita al Pollo frito Kentucky y nos ofrece esos bizcochos. Entonces llega la Navidad y el Año nuevo, los cumpleaños, y así sucesivamente. Y nunca termina. Hay suficientes días especiales en el año para mantenernos rompiendo nuestra resolución por siempre.

Para muchas personas, debido a que no hay un compromiso firme para ayunar, cualquier excusa será suficiente para evitarlo. No se necesita mucho. Es por eso que es necesario hacer una proclamación en relación al ayuno. Tú debes hacer una afirmación personalmente, para ti y para los otros, que tienes toda la intención de ayunar por un cierto lapso de tiempo. Una vez hecho esto, debes mantener tu compromiso; porque el hacer una confesión te pone en una posición de responsabilidad ante Dios y ante el hombre.

Mucha gente le teme al compromiso. Saben que tiene su costo. Temen que no puedan cumplir su parte del compromiso. Dicen que mejor no prometer antes que romper la promesa. Esta es una excusa falsa. Cuando tú recurres a esta excusa, tú estás haciendo un compromiso de fracaso y de mediocridad.

Cuando yo invito a la gente a venir a la iglesia, algunos responden: «Pastor, no quiero prometerle que vendré, porque algo pudiera pasar que esté fuera de mi alcance. Por favor no cuente conmigo. Trataré de hacerlo si puedo».

Dudo que esa persona entienda alguna vez lo que significa el Reino de Dios. Ellos tendrían que decir: «Bueno Señor, yo quiero venir, pero no cuentes conmigo. Es posible que no pueda». ¿Cómo puedes legar autoridad o confiar en gente que teme hacer un compromiso? ¡No puedes!

Santiago dijo:

El hombre de doble ánimo es inconstante en todos sus caminos. Santiago 1:8

ORACIÓN Y AYUNO

Decídete. Si tú quieres ser parte del Reino de Dios, entonces haz el compromiso de hacerlo. Si tú deseas recibir las bendiciones de una iglesia local, entonces haz el compromiso de ser parte activa de esa iglesia. Si tú quieres escuchar la voz de Dios, haz un compromiso de orar y ayunar.

Justo antes del verso 8, Santiago dice:

Pero pida con fe, no dudando nada; porque el que duda es semejante a la onda del mar, que es arrastrada por el viento y echada de una parte a otra. No piense, pues, quien tal haga, que recibirá cosa alguna del Señor.

Santiago 1:6–7

Ese es un lenguaje fuerte. «*No piense, pues, quien tal haga, que recibirá cosa alguna del Señor*». **¡COSA ALGUNA!** Dios no puede confiar en una persona así. No son confiables. Su estilo es siempre: «Bueno, no te diré que lo voy a hacer. Me gustaría, pero tal vez no pueda. Y no quisiera defraudarte». ¡Qué excusa más pobre! Y tanta gente la utiliza.

Es mejor comprometerse y tener que romper un compromiso y sufrir las consecuencias que nunca hacer un compromiso de ninguna clase. Aquellos que nunca hacen un compromiso de ayunar nunca ayunan.

Este interés a medias a todas las cosas parece ser aceptable en nuestra sociedad hoy en día: No hay compromiso en el matrimonio, no hay compromiso en el trabajo, no hay compromiso en la iglesia, no hay compromiso entre amigos. Si te comprometes, tendrás que hacer algo, quiera que lo desees o no. Por tanto, ¿por qué arriesgarse?

Cuando le pedimos a la gente hacer algo en la iglesia, en vez de aceptar de un salto a la oportunidad de honrar al Señor por su participación, dicen: «No estoy muy seguro. Déme tiempo para orar al respecto. Es un gran compromiso».

¡No nos admire que poca gente ayune! ¡Demanda mucho de ellos!

Comprendo por qué muchos cristianos tienen tan poco gozo. No están dispuestos a hacer un compromiso completo con Cristo. Están tratando de vivir en el límite, con un pie en el Reino y el otro en la carne. Y simplemente no da resultado. La gente que vive así son los más miserables sobre la tierra. Son más miserables que los pecadores. Al menos, los pecadores saben dónde están.

Para cosechar los beneficios del ayuno y la oración debes hacer un compromiso y ceñirte a él. Debes hacer un compromiso de tiempo y esfuerzo y dedicarte a orar y ayunar. Si algo legítimo evita que tu hagas esto, haz un nuevo compromiso, y cúmplelo esta vez.

No puedes esperar resultados de tu fe si no estás dispuesto a hacer un compromiso completo con El Quien es el objeto de tu fe. No puedes esperar ver la Palabra de Dios cumplida en tu vida si no estás dispuesto a hacer un compromiso completo con la Palabra. Vale la pena. Créeme.

Tengo fe en la Palabra de Dios. No tengo miedo de hacer un compromiso completo para vivir por Su Palabra. Yo conozco el poder de Dios que viene a través de la oración y el ayuno, y no temo hacer un compromiso de orar y ayunar. Vale la pena.

¿Tienes dificultad en comprometerte a comer? ¿Es una tarea para ti? Te mantienes posponiendo tus comidas porque tienes otras cosas más importantes que hacer? No lo creo. Comes porque es importante para ti. Tú conoces los beneficios. Si podemos comprender todo el bien que el ayuno hará por nosotros, estaríamos ansiosos por ayunar, encantados con ayunar, y buscando la oportunidad de hacerlo.

¿Es una lucha para ti ir a la mesa de la cena? Entonces, ¿por qué es tanta lucha para ti no ir a la mesa de la cena? ¿Es tu dios tu vientre? ¿La carne gobierna tu vida? Haz un compromiso y cúmplelo.

Cuando proclames un ayuno, el diablo te dirá que eres un hipócrita, tratando de poner la atención hacia ti. La Biblia dice:

Mas cuando tú des limosna, no sepa tu izquierda lo que hace tu derecha.

Mateo 6:3

Eso significa que no podemos jactarnos de lo que hacemos. Es hecho «para Dios». Eso, sin embargo no nos impide declarar lo que vamos a hacer.

Algunas personas verdaderamente hacen un show cuando ayunan. Tratan de verse absolutamente miserables. No se bañan. Se mantienen mirándose al espejo para ver cómo están — como si fueran a morir en cualquier momento. «¿Te parezco algo pálido?», preguntan. «¿Están mis labios blancos?»

La declaración de la que estoy hablando no es para vanagloriarse. Es para hacer que tanto tú como los otros alrededor de ti estén listos para lo que vas a hacer. Es hacer un compromiso de manera que no podrás cambiar fácilmente de idea con cualquier simple excusa. Encuentro que declarar mi ayuno elimina mucha de la lucha que, de otra manera, yo tendría en obedecer a Dios.

Para hacer una declaración de ayunar, primero debes estar convencido que debes hacerlo. La incertidumbre siempre lleva a una falta de decisión. Hay muchas maneras en que esto se puede hacer.

Es muy bíblico para un pastor u otro líder llamar a la congregación entera a ayunar. Algunos se rebelan y dicen: «Yo ayuno cuando el Señor me dice que ayune. No lo hago simplemente porque el pastor lo dice. Dios puede hablarme personalmente». Esas personas casi nunca ayunan. Si ellos no están dispuestos a ser parte de una ayuno público, rara vez ayunan por sí mismos.

Si un líder espiritual no llama al ayuno, se convierte en un asunto muy personal — entre Dios y tú. Dale la oportunidad de hablarte. Dios no dice a muchas personas que ayunen porque ellos no quieren oírle. Sus oídos están tapados. Su mente ya está decidida. Dios no les dice que ayunen porque El no desea desperdiciar Sus palabras. Si tú estás abierto, El te hablará.

Si pasan muchos meses y no has sido guiado a ayunar, preocúpate. Eso no es normal. Los discípulos ayunaban regularmente. También lo hacían las congregaciones de La Gran Reforma. Lee la Palabra de Dios hasta que te sientas convencido de tu necesidad de ayunar. Entonces haz tu compromiso. Estarás muy poco convencido de ayunar y orar si dudas de tu habilidad de cumplir con tal compromiso. Aquellos que no están seguros pueden empezar con períodos más cortos de ayuno. No hay una regla bíblica sobre cuánto debemos ayunar. Comienza en una escala menor, y sigue aumentando hasta que puedas.

Tal vez te hayas estado sintiendo algo débil físicamente y no estás seguro de poder completar un ayuno. Tal vez no estás en tus mejores condiciones físicas debido a un reciente ataque de gripe o por horas extras de trabajo o por algún esfuerzo físico. No hay una mejor manera de mejorar tu salud y recibir sanidad divina que ayunar.

Si no estás seguro del tiempo que debe tomarte el ayuno — cuándo debes empezar y cuánto debes ayunar — podrías vacilar en hacer un compromiso. No siempre es necesario saber cuánto te tomará antes de empezar. Si el Señor te guía ayunar y no te dice cuánto ayunar, confía en que El te dirá el momento de terminar. Haz un compromiso de ayunar hasta que el Señor te diga que dejes de ayunar.

Si sientes una carga para ayunar y no sabes cuándo empezar, sabe que **el mismo Dios que te urge a ayunar puede decirte exactamente cuándo hacerlo.**

Capítulo 15

Prepárate a ti mismo para la oración y el ayuno

Sino que golpeo mi cuerpo, y lo pongo en servidumbre, no sea que habiendo sido heraldo para otros, yo mismo venga a ser eliminado.
1 Corintios 9:27

Tu declaración, tu compromiso de orar y ayunar es más para ti que para los demás. Cuando yo declaro que voy a ayunar, estoy tomando el primer paso para prepararme a mí mismo. Estoy poniendo cada parte de mi ser en alerta, permitiendo que cada parte de mi cuerpo conozca lo que intento hacer. Mi mente ya se ha decidido. Mis emociones están bajo control. Sé exactamente lo que estoy a punto de hacer. Voy a ayunar y buscar el rostro de Dios.

Una vez que he hecho esta declaración, la responsabilidad de mi compromiso es mía, y debo prepararme a mí mismo para obedecer. Debo disciplinarme a mí mismo y ponerme a mí mismo a ayunar. Aquellos que realmente aman a Dios y hacen las cosas seriamente para El lo hacen. Nadie ha dicho que sería fácil. Ponte a ti mismo a ayunar. Ponte un desafío por delante. Dite a ti mismo:

> Voy a poner mi espíritu, mi cuerpo, mis emociones y mi mente bajo la sujeción de la Palabra de Dios al entregarme a la oración y al ayuno.

Prepárate a hacer algo realmente grande. Dios no desperdicia un vaso preparado. El tiene mucho trabajo que necesita ser hecho y está buscando a aquellos que están listos para ser colocados en posiciones de autoridad.

Es increíble encontrarse con la gente de negocios del mundo y ver su actitud positiva. Esperan que ocurra lo mejor. Nunca esperan lo peor. Son optimista acerca de la economía y su futuro, y se están preparando a sí mismos para tener éxito.

Es sorprendente hablar con gente de la carrera militar. Creen que un día tendrán un alto grado. Son muy positivos y están trabajando muy duro y haciendo grandes sacrificios para llegar a su objetivo.

Es igualmente sorprendente encontrarse con atletas serios. Creen que pueden ser los mejores y hacen un extraordinario esfuerzo por lograr las metas que se han trazado para un futuro. Están muy interesados en lo que hacen.

ORACIÓN Y AYUNO

Y, entonces, es sorprendente encontrarse con los cristianos que tienen todas las promesas de la Palabra de Dios. El futuro para ellos está claramente mostrado en las Escrituras, y se les ha dicho que están en el equipo ganador. Sin embargo, son tan negativos para todo y tan poco entusiastas en tomar los pasos necesarios para efectuar la voluntad de Dios en sus vidas.

Esta es una tragedia porque tenemos una respuesta para los drogadictos de nuestra ciudad. No necesitan un programa de rehabilitación secular. Podemos ayudarles. Conocemos al Dios de amor. Él los libertará. Podemos ayudar a sus familias. Podemos ayudar a sus seres queridos.

Cuando yo declaro que voy a ayunar, estoy tomando el primer paso para prepararme a mí mismo. Estoy poniendo cada parte de mi ser en alerta, permitiendo que cada parte de mi cuerpo conozca lo que intento hacer. Mi mente ya se ha decidido. Mis emociones están bajo control. Sé exactamente lo que estoy a punto de hacer.

Tenemos la respuesta para los que no tienen hogar y para los oprimidos. Deberíamos ser las personas con mayor motivación del mundo.

Tenemos la respuesta para las madres solteras. No necesitan buscar en otro parte. Sabemos cómo ayudar a las chicas descarriadas de la calle. Entre nuestros hermanos, ellas pueden encontrar esperanza y alivio.

Tenemos la respuesta para la gente atrapada en la indigencia. Nosotros podemos ayudarles. Podemos adiestrarles. Podemos equiparles.

Tenemos la respuesta para los hambrientos, los que se han perdido, los que tienen frío, los oprimidos. Tenemos la respuesta para los preciosos niños con desajustes químicos, cuyos padres están desesperados por encontrar lo que está mal en sus hijos. El amor de Dios puede rescatarlos y hacerlos normales y saludables.

Con el poder que viene de la oración y el ayuno regulares, veremos a nuestros seres queridos venir al redil. Veremos a abuelas y madres dolientes (que hayan sido desahuciadas por la ciencia médica, y que estén preparando sus testamentos porque no esperan vivir mucho), totalmente sanadas y liberadas.

Un cristianismo que no llega más allá de las cuatro paredes de la iglesia no es cristianismo. Dios envió a Su Hijo a morir por nuestros pecados porque El amó al mundo entero.

> *Porque de tal manera amó Dios al mundo, que ha dado a su Hijo unigénito, para que todo aquel que en él cree, no se pierda, mas tenga vida eterna.* Juan 3:16

Podemos tener Su amor y llevarlo al mundo — si estamos dispuestos a pagar el precio de orar y ayunar. Prepárate para todo lo que Dios tiene para ti. Pon tu mirada en la meta, en el *«premio del supremos llamamiento de Dios»*.

> *prosigo a la meta, al premio del supremo lla-*
> *mamiento de Dios en Cristo Jesús.*
>
> **Filipenses 3:14**

Instruye al hombre espiritual que hay en ti. Haz que sea conocido en cada parte de tu cuerpo que tú intentas buscar a Dios y hacer Su voluntad. Equípate a ti mismo con la Palabra del Señor. Haz que ayunar se haga tu deseo. Haz hincapié en darte a ti mismo al ayuno. No hay otra manera.

Di, sin temor:

> *Vientre, quiero que sepas que Cristo está en*
> *el control de mi vida. Tú ya no tienes autori-*
> *dad. Tú obedecerás — te guste o no. Vientre,*
> *quiero que sepas que ya que Dios está a cargo*
> *de mi vida, Dios está a cargo de TI. Tú ya no*
> *puedes gobernarme más. He dado mi vida*
> *completamente al Señor, y tengo la intención*
> *de hacer Su voluntad.*

Si estás luchando en esta área, repite en alta voz esta declaración:

> *Estoy decidido a poner a mi carne bajo la*
> *sujeción del Espíritu de Dios porque quiero*
> *lo mejor de Dios para mi vida. Rehuso a*
> *caminar en la carne por más tiempo. Desde*
> *este día en adelante caminaré en el Espíritu,*
> *de manera que no satisfaré los deseos de la*
> *carne. Voy a permitir a Dios glorificar Su*
> *nombre a través de mi vida. Voy a obedecerle*
> *en oración y ayuno.*

Haz que la carne lo sepa, sin demora.

El siguiente paso de tu preparación, parecería, someramente, ser uno puramente físico: Empieza por ajustar tu cuerpo a la nueva realidad. Algunas personas comen muchas veces en el día. Cuando deciden ayunar, su cuerpo recibe un shock. Podrían experimentar síntomas muy parecidos a la abstención de droga. Podrían sentirse aturdidos, débiles, y su estómago podría dolerles. Estas personas necesitan una preparación especial. Con miras a su ayuno, ellos deben empezar por reducir el número de veces que comen cada día, de manera que el ayuno no resulte un terrible shock para su sistema.

Si comes tres comidas regulares al día, redúcelas a dos y, luego, a una. Entonces, cuando prives a tu cuerpo de alimento en conjunción con tu período de ayuno y oración, éste no sentirá un shock.

Si tomas café con regularidad, empieza a disminuir, de manera que no te den dolores de cabeza cuando ayunes.

Aquellos que son especialmente suceptibles a ser demasiado indulgentes con sus apetitos deben tener cuidado de informar a sus sentidos qué esperar de los días por venir. Debe hacer que su carne lo tome en cuenta. El shock que algunas personas experimentan es más psicológico y emocional que físico.

Este es un asunto serio que demanda sinceridad y dedicación. **Prepárate para las grandes cosas que Dios tiene para ti.**

CAPÍTULO 16

¡DEJA DE PONER EXCUSAS! ¡SIMPLEMENTE HAZLO!

Y todos a una comenzaron a excusarse.
Lucas 14:18

Justo como aquellos que fueron invitados al banquete de bodas, cada uno parece tener sus propias excusas para no ayunar.

LA GENTE JOVEN Y EL AYUNO

Algunos de los jóvenes creen que son «demasiado jóvenes» para ayunar. Cuando nuestra hija, Anna, era muy joven, le permitíamos pasar por alto una comida ocasionalmente, aun cuando ella era demasiada joven para entender bien lo que estaba haciendo. Ella no podía saber de las necesidades de la iglesia local. No podía saber sobre los problemas del ministerio. Sin embargo, al permitirle ayunar, sabíamos que la estábamos equipando tempranamente para saber cómo buscar el rostro de Dios.

Si todos nosotros hubiéramos empezado a orar y ayunar cuando jóvenes, muchos de nosotros no nos habríamos metido en tantos problemas en la adolescencia y la juventud. Yo doy gracias a Dios por los padres que me alentaron en la oración y el ayuno. Ellos deseaban, más que nada, verme en la voluntad de Dios para mi vida.

Si todos nosotros hubiéramos empezado a orar y ayunar cuando jóvenes, muchos de nosotros no nos habríamos metido en tantos problemas en la adolescencia y la juventud.

Jóvenes, no dejen que nadie les diga que el ayuno no es de Dios o que ya no es importante. No dejen que nadie les diga que USTEDES no necesitan ayunar. No dejen que sus vientres gobiernen sus vidas. Tomen autoridad sobre sus apetitos. Pongan su vida bajo control. Sométanse a Dios, y podrán tener cada una de sus oraciones contestadas.

Recuerden, cuando los discípulos preguntaron «*¿Por qué no pudimos hacerlo? ¿Cuál es el secreto?*», Jesús les respondió «*Este género no sale sino con oración y ayuno*». Párense en la palabra de Jesús y no dejen que nadie les desanime de hacer Su voluntad en sus vida. Como gente joven, tienen la vida entera por delante. No desperdicien sus oportunidades. Pórtense seriamente con Dios, y Su bendición estará sobre sus vidas.

Padres, no les nieguen a sus niños y jóvenes la oportunidad de buscar el rostro de Dios en oración y ayuno, si ellos lo desean hacerlo.

ORACIÓN Y AYUNO

LOS MAYORES Y EL AYUNO

Algunos mayores piensan que son «muy viejos» para ayunar. Si eres diabético, tal vez tengas una razón legítima para no ayunar — hasta que seas librado de tu enfermedad. Yo he conocido muchas personas que han sido liberadas de varias enfermedades mientras ayunaban. No limites a Dios.

Para aquella gente mayor que esté bien de salud, no hay excusa. Ana la profetisa debería ser un ejemplo para cada persona mayor en relación al ayuno.

> *Estaba también allí Ana, profetisa, hija de Fanuel, de la tribu de Aser, de edad muy avanzada, pues había vivido con su marido siete años desde su virginidad, y era viuda hacía ochenta y cuatro años; y no se apartaba del templo, sirviendo de noche y de día con ayunos y oraciones. Esta, presentándose en la misma hora, daba gracias a Dios, y hablaba del niño a todos los que esperaban la redención en Jerusalén.* Lucas 2:36–38

Ana ayunaba regularmente, aunque era *«de edad muy avanzada»*. El ayuno y la oración desarrollaron en ella un sensibilidad al Espíritu de Dios, de manera que cuando casi todos fallaron en reconocer al niño Jesús como alguien diferente a los otros niños de su edad, Ana fue milagrosamente atraída a El.

La gente mayor no desea ayunar por la misma razón que el resto de nosotros no

deseamos hacerlo. Hemos acostumbrado nuestros estómagos a ciertos alimentos a ciertas horas del día, y no nos gusta sentir hambre. Disfrutamos la comida.

La gente mayor no desea ayunar por la misma razón que el resto de nosotros no deseamos hacerlo.

Los mayores están entre aquellos que no tienen tolerancia para los servicios de la iglesia y que se van unos pocos minutos después de la hora de la comida. Una vez que ha sonado la alarma del reloj interno, ellos olvidan lo que Dios está diciendo y se concentran en salir de la iglesia para ir a comer. En este punto, muchos cierran su corazón y mente a cualquier otra cosa. Nada es más importante para ellos que comer.

Yo les diría a los mayores entre nosotros que Dios no ha terminado con ustedes todavía. Tienen una gran responsabilidad delante de Dios de compartir su conocimiento de El con las nuevas generaciones. Sean los ejemplos que deben ser en oración y ayuno.

LOS HOMBRES Y EL AYUNO

Algunos hombres no ayunan porque creen que deben pasar el tiempo constantemente con su familia. Si tú, como líder de tu casa, no puedes oír la voz de Dios y conocer Su voluntad para tu familia, no eres un buen padre de todas maneras.

Algunos hombres nunca ayunan porque ellos tienen que trabajar y no pueden estar con Dios por períodos largos. Si tú debes trabajar, eso no significa que no puedas ayunar. Muchos del pueblo de Dios que tienen que trabajar ayunan de todas maneras. Simplemente pídele al Señor que te ayude a guardar tu mente en El. Cuando llega la hora del almuerzo, no te vayas a ver lo que los otros coman. Quédate a solas, quizás en tu carro o en algún otro lugar privado. Toma tu Biblia y concéntrate en la mente del Señor. Pero ayuna.

Si tú debes trabajar, eso no significa que no puedas ayunar.

Hombres, tenemos una gran responsabilidad. Y debido a que sabemos que estamos viviendo en los últimos días y que la venida del Señor se acerca, debemos sentirnos movidos a orar y ayunar más. Aquellos que no están conscientes de lo tarde de nuestra hora nunca ayunan.

Jesús les dijo: ¿Acaso pueden los que están de bodas ayunar mientras está con ellos el esposo? Entre tanto que tienen consigo al esposo, no pueden ayunar. Pero vendrán días cuando el esposo les será quitado, y entonces en aquellos días ayunarán.

Marcos 2:19–20

Jesús dijo que deberíamos ayunar cuando el esposo no fuera quitado. El ayuno continuará, entonces, hasta Su regreso. No pares ahora. Hay mucho que lograr en el Reino de Dios.

Después de veinte y cuatro años en el ministerio, Dios está tratando conmigo para que yo ayune más que nunca. Este no es tiempo de relajarse y permitirnos ser gobernados por la carne. Debemos aguzar nuestros instintos espirituales y estar listos a hacer una guerra espiritual en estos días. No dejen que las mujeres sean las únicas que ayunan. Si lo hacemos, ellas se llevarán todas las bendiciones.

LAS MUJERES Y EL AYUNO

En general, las mujeres ayunan más que los hombres. Pero todavía muchas mujeres tienen sus excusas para no hacerlo. Las dos excusas predominantes que las mujeres ponen son su necesidad de preparar los alimentos para toda la familia y su necesidad de mantener una buena apariencia. Ninguna de éstas necesita ser una excusa para no ayunar cuando el Señor te guía a hacerlo.

Si necesitas preparar los alimentos para el resto de la familia, puedes hacerlo y continuar tu ayuno. Simplemente demanda un poco más de fuerza de voluntad de tu parte para no comer todo lo que cocinas. Mientras que tu esposo e hijos comen, lee tu Biblia. Medita en la bondad de Dios. Puedes servir a otros, mientras te abstienes tú misma.

En cuanto a la apariencia, es una mentira de Satanás que el ayuno destruye tu apariencia. Mi madre tiene casi setenta años ahora. Sin embargo, ella es fuerte y se ve fresca y hermosa — por su vida de oración y ayuno.

Mujeres, dejen de creer las mentiras de Satanás.

LAS EXCUSAS MÁS «POBRES»

Sentir que eres demasiado viejo o demasiado joven o que estás demasiado enfermo o demasiado ocupado puede ser una excusa medianamente factible para no ayunar. Pero algunas personas tienen las excusas más «pobres» imaginables para no ayunar:

- Algunos realmente piensan que van a morir si ayunan. «¿Por qué arriesgarse?», preguntan.
- Algunos sienten que les da algún tipo de reacción, que no pueden respirar. «Es demasiado fuerte para mí», dicen. E interrumpen su ayuno.
- Algunos quieren ayunar — el año entrante. Siempre tienen buenas intenciones, pero para el futuro, no para ahora.
- Algunos ayunan en verdad — desayuno, almuerzo y merienda. Luego comen como cerdos y duermen «para que se les pase».
- Algunos sienten que es suficiente abstenerse de comer desde la hora de dormir hasta el desayuno.
- Algunas personas no pueden funcionar sin carne en sus estómagos.
- Algunas personas ayunan por motivos erróneos. Si deseas servir a Dios, sírvele

por un motivo genuino. Si quieres negarte a la carne, entonces hazlo. Deja de poner excusas.

- Algunas personas profesan ayunar simplemente por complacer a otros. La verdad es que de camino a casa ellos paran para disfrutar de algo en el McDonald. Piensan que están engañando a alguien. Pero no puedes engañar a Dios. El ayuno no es para el placer de otras personas. El ayuno se hace para Dios. A veces somos guiados a llamar a toda la iglesia a ayunar y orar. Pero si fuéramos a mirar al restaurant más cercano, temo que encontraríamos a algunos allí engañando a Dios. En realidad, se engañan a sí mismos. Dios no se beneficia de tu ayuno. Tú eres el que se beneficia. Este es un asunto serio. ¿Por qué jugar con Dios? Si no puedes ser sincero en un ayuno, Dios no podrá confiarte Sus bendiciones.

- Algunos no ayunan porque sería «malentendido» y no desean ser criticados. Bueno, esto es parte de ello. Es maravilloso caminar en el poder y unción de Dios. Algunos te criticarán. Podrían decir que tú eres «antisocial». Podrían decir otras cosas poco agradables. Pero cuando tengan una necesidad, sabrán a quien llamar. Cuando se deban hacer oraciones efectivas, recordarán tu dedicación a Dios.

No permitas que lo que otros piensan o dicen te impida. Obedece a Dios.

Ahora mismo, HOY DIA, debes enfrentar aquello que te ha impedido ayunar y conquistarlo de una vez por todas.

Si la glotonería de ha impedido de recibir lo mejor de Dios, El está listo a liberarte de este pecado. Si la COMIDA es tu señor, derríbala de su trono hoy y permite a Cristo reinar y ser el Señor de tu vida. Si tu VIENTRE ha sido tu dios, haz de Jehová, Dios de nuestros padres, tu Dios HOY.

Si tienes un problema médico que no te permite ayunar, Dios puede sanarte. Si Su voluntad es que Su pueblo ayune, y tú eres uno de sus hijos, Su voluntad es que tú ayunes. Y si no puedes ayunar por un problema médico, El quiere remover este obstáculo, de manera que puedas tener victoria total en tu vida. Sé sano en el nombre de Jesucristo HOY.

Si Dios te está guiando a ayunar, entonces ayuna. Pon a un lado toda excusa. Conquista a la carne, y **SIMPLEMENTE HAZLO**.

Yo felicito a aquellos de ustedes que han ayunado en el pasado y a aquellos de ustedes que han sido desafiados por este libro y están a punto de embarcarse en una jornada en el ámbito del ayuno y la oración y la búsqueda del rostro de Dios. Experimentarán grandes libertades en el Espíritu. Están a punto de tomar el control sobre sus apetitos una vez por todas. Están a punto de oír de Dios de una manera nueva y viva. Están a punto de ver crecer su fe.

Primero, permítanme darles algunos consejos prácticos que les ayudarán a sacar el máximo provecho de su ayuno.

PARTE V

QUÉ ESPERAR DE
LA ORACIÓN Y
EL AYUNO
(ACCIÓN Y RESULTADOS)

CAPÍTULO 17

COSAS PRÁCTICAS QUE HE APRENDIDO ACERCA DE LA ORACION Y EL AYUNO (ACCIÓN)

De mis experiencias con la oración y el ayuno, he aquí algunas cosas que quisiera recomendarles que creo que les ayudarán a lograr lo mejor de Dios para sus vidas.

DURANTE LOS PRIMEROS DÍAS DE SU AYUNO, NO LE PIDAN NADA A DIOS.

Algunas personas quieren mucho. Ellos sólo ayunan para obtener algo material. Ellos van a Dios con una lista de sus deseos. No trivialices el ayuno. No ayunamos sólo para recibir respuesta a una oración específica. Ayunamos por el bien de nuestra posición espiritual con Dios.

Cuando tú ayunas, busca entender y experimentar el amor de Dios. Otras cosas vendrán.

Comienza por reconocer Su amor y por expresar tu amor por El. Alábale, adórale, glorifícale. Esfuérzate por expresar más profundamente el mutuo amor existente.

> **No ayunamos sólo para recibir respuesta a una oración específica. Ayunamos por el bien de nuestra posición espiritual con Dios.**

¿Por qué debes orar durante un ayuno? El mismo Dios que te urge a ayunar puede cargar tu corazón con las necesidades específicas por las que debes orar.

Arrepiéntete de tus fallas y defectos.

Reconoce tus fallas y defectos. Confiésalos delante del Padre celestial y permítele limpiar tu corazón, lavarte hasta que quedes limpio. Mucha gente tiene tantas cosas que están entre ellos y Dios que necesitan varios días simplemente para limpiar la atmósfera y estar listos a comunicarse apropiadamente. El ayuno no es simplemente con el propósito de resolver problemas específicos. Tiene el propósito de renovar y fortalecer tu relación con Dios de manera que tus oraciones diarias sean más eficaces.

Ora como lo hizo David:

> *Examíname, oh Dios, y conoce mi corazón; pruébame y conoce mis pensamientos; y ve si hay en mí camino de*

ORACIÓN Y AYUNO

perversidad, y guíame en el camino eterno.
Salmo 139:23–24

Si tú ayunas, y tienes algo en tu corazón contra tu vecino — rencor, falta de perdón, amargura, rivalidad, envidia, o murmuración contra alguien — no esperes obtener milagros de Dios. Cualquiera de esas cosas te pondrá en cautiverio — si se les permite gobernar en tu corazón. Utiliza este tiempo de oración y ayuno para traer estas cosas a la luz y permitirle a Dios tratar con ellas.

Algunos creyentes murmuran demasiado y aman oír algo malo de otro hermano. Algunos creyentes causan división en el Cuerpo de Cristo. Algunos creyentes no aman a sus hermanos y hermanas. Permite que Dios busque en tu corazón y traiga a la luz los estorbos para las oraciones contestadas de los cuales ni siquiera tú estás consciente.

INTERCEDE POR OTROS.

Antes de que pidas por cosas que tú mismo necesitas, ora de acuerdo al corazón de Dios. Intercede por otros. No perderás nada haciendo esto. Dios se preocupa hasta de tu necesidad más insignificante, pero a El le preocupa que tú seas como Aquel que lo dejó todo por servir a los demás. Cuando hayas orado por otros, el Padre extenderá Su mano hacia ti, y te invitará a recibir todo aquello de lo cual tu careces personalmente.

COSAS PRÁCTICAS (ACCIÓN)

Intercede por los líderes de nuestra sociedad. Intercede por los líderes de nuestra comunidad. E intercede por nuestros líderes espirituales. Es fácil criticar a nuestros líderes. Las personas más vagas pueden hacerlo. Pero pocas están dispuestas a poner el tiempo y esfuerzo necesarios para interceder en oración por aquellos en autoridad. Si creemos que Dios es poderoso, debemos estar deseosos de buscar Su ayuda en cada cosa, tanto pública como privada. Si creemos en el antiguo dicho: LA ORACION CAMBIA LAS COSAS (no a Dios), entonces pongámoslo a trabajar.

Somos advertidos por Jesús mismo que oremos por más obreros para la cosecha espiritual. Si hemos de orar por ellos para que vayan a la cosecha, seguramente podemos sostenerlos durante sus labores en el campo. Ellos son humanos, y cometerán errores. Pero no somos llamados a juzgarles. Somos llamados a sostener a los siervos de Dios en oración.

Al vivir en una sociedad democrática, nosotros, los creyentes, a menudo llevamos a los extremos la libertad que tenemos para criticar. Los miembros de la junta directiva de nuestras iglesias a menudo toman un rol de adversario, muy similar al partido de oposición en el Congreso o en algún parlamento europeo. Esta no es la manera de Dios. Todos estamos en el mismo partido. Todos somos miembros del mismo reino. Apóyense el uno al otro. Oren el uno por el otro. Intercedan el uno por el otro.

Presenta firmemente tus necesidades ante el Señor Jesús.

Cuando has seguido estos pasos, es tiempo de presentar tus necesidades ante el Señor. Puedes hacerlo con gran firmeza.

> *Por nada estéis afanosos, sino sean conocidas vuestras peticiones delante de Dios en toda oración y ruego, con acción de gracias. Y la paz de Dios, que sobrepasa todo entendimiento, guardará vuestros corazones y vuestros pensamientos en Cristo Jesús.*
>
> Filipenses 4:6–7

Dios muestra Su interés en tu necesidad por Su preocupación en tu *«pan de cada día»*. El quiere suplir para ti personalmente. No dudes de poner tus peticiones delante de El. Hazlo firmemente. Dios desea ayudarte.

> *Porque por la pesca que habían hecho, el temor se había apoderado de él, y de todos los que estaban con él.* Lucas 5:9

Pedro estaba sorprendido hasta el punto de temer cuando Jesús le dio la milagrosa pesca. No había entendido todavía que Dios se interesa en nuestros problemas, grandes y pequeños, y desea ayudarnos.

La historia es familiar: Jesús vio dos barcas cerca de la orilla. El se subió a una (la misma que pertenecía a Pedro) y le pidió que la apartara un poco de la orilla, de manera que pudiera dirigirse a toda la multitud. Cuando había terminado de ministrar a la multitud, El dijo a Pedro: «*Boga mar adentro, y echad vuestras redes para pescar*». (Versículo 4).

Pedro dijo: «*Señor, nos hemos afanado toda la noche y no pescamos ni un pez, pero sin embargo, en tu palabra, haré lo que me has mandado*» (Versículo 5 parafraseado).

Cuando él arrojó la red, llevaba más peces de lo que podía aguantar, y la barca empezó a hundirse. La red se estaba rompiendo con tantos peces, y Pedro tuvo que pedir ayuda a otra barca. ¡Qué lección aprendió Pedro aquel día!

Dios conoce nuestras necesidades. El está más que consciente de nuestros problemas. El ha dicho que sólo necesitamos pedirle, y El nos rescatará en nuestra hora de necesidad.

Nuestros problemas tienen el propósito de llamar nuestra atención. Nos hacen acercarnos a Dios y clamarle. Cuando lo hacemos, El está más que dispuesto a escuchar nuestro pedido y ayudarnos.

Sabiendo esto, aprende a verbalizar tu necesidad. Esto es algo que muchos no han aprendido a hacer eficazmente. La Palabra de Dios dice: «*Pedid*» (Mateo 7:7). El espera ansiosamente nuestro pedido.

No te canses de orar, y no te avergüences de orar públicamente. Elías se paró frente a los que le criticaba y firmemente habló a su Dios. Tú puedes hacer lo mismo.

CONCÉNTRATE EN LA
PALABRA DE DIOS.

Una vez que has empezado a ayunar, **no pases todo tu tiempo frente al televisor**. Por una cosa, se hacen demasiadas propagandas de cosas de comer en la televisión. Sin pensarlo, podrías levantarte, ir al refrigerador y coger algo para comer. La razón más importante para no hacerlo, sin embargo, es que la televisión no alimenta tu alma.

No desperdicies tu tiempo con revistas u otro material de frívola lectura. **Aprovecha esta oportunidad para internarte en la Palabra de Dios**. Medita en las promesas de Dios. Permite que tu mente se explaye en ellas. Reclámalas para ti.

La Palabra de Dios es verdadera. Podemos confiar en sus promesas. Nunca fallan. Si la Palabra de Dios fallara, entonces El ya no fuera Dios. Esto es imposible. Cree en El.

> *Porque la Palabra de Dios es viva y eficaz,*
> *y más cortante que toda espada de dos filos;*
> *y penetra hasta partir el alma y el espíritu,*
> *las coyunturas y los tuétanos, y discierne los*
> *pensamientos y las intenciones del corazón.*
> *Y no hay cosa creada que no sea manifiesta*
> *en su presencia; antes bien todas las cosas*
> *están desnudas y abiertas a los ojos de aquel*
> *a quien tenemos que dar cuenta.*
>
> Hebreos 4:12–14

La Palabra de Dios es tan poderosa que puede atravesar cualquier obstáculo, cualquier circunstancia, o cualquier problema en la vida. Es más poderosa que una espada de dos filos. Puede separar el espíritu del alma. Puede separar los pensamientos y los intentos del corazón. Entrégate a ti mismo a la Palabra durante tu tiempo de oración y ayuno.

No descuides el aspecto de la oración en el ayuno.

El aspecto más importante de tu ayuno es la oración, y hay algunas cosas importantes que tú debes considerar con relación a la oración:

Nuestro propósito principal en la oración no es luchar con el Enemigo. Si tú le permite, Satanás dominará tu tiempo de oración. El propósito de la oración es comunicarnos con el Padre, decirle de nuestro amor, alabarle y adorarle, e interceder ante El por otros. No permitas al Enemigo dominar la conversación. Jesús enseñó a orar a Sus discípulos:

Padre nuestro que estás en los cielos...
Mateo 6:9

El no nos enseñó a emplear todo nuestro tiempo dirigiéndonos a los demonios y Satanás. Satanás no tiene derecho a interrumpir nuestro tiempo de intimidad y compañerismo con Dios. Sácale, mándale por su camino. No le rindas tu valioso tiempo al Enemigo.

Someteos, pues a Dios; resistid al diablo, y huirá de vosotros. Santiago 4:7

161

ORACIÓN Y AYUNO

Ni deis lugar al diablo.   Efesios 4:27

No ores para que el diablo se vaya. Ordénale que se vaya. Usa la autoridad que Dios te ha dado. Pon al Enemigo en su lugar. Hazle saber que no tiene derecho de molestarte mientras tú estás en comunión con el Padre.

Podrías pedir a Dios sabiduría y autoridad para tratar con el Enemigo. Entonces, sin perder más preciosos momentos, lo pones a volar y continuas tu conversación privada con el Padre celestial.

Satanás se opondrá mientras tú oras.

Porque no tenemos lucha contra sangre y carne, sino contra principados, contra potestades, contra los gobernadores de las tinieblas de este siglos, contra huestes espirituales de maldad en las regiones celestes.
                                        Efesios 6:12

Pero, nunca trates de discutir con Satanás. El te ganará hábilmente cada vez. No escuches sus argumentos. El es un mentiroso. No guardes sus pensamientos. No le permitas terminar lo que quiere decir. Envíale por su camino. Tú tienes poder, en el nombre de Jesucristo, para derribarle.

Y, debido al ataque de Satanás en la oración, muchas personas pasan unos pocos segundos en oración verdadera y el resto de su tiempo de oración en argüir con Satanás. Repréndele y déjale saber que no puede hacer que desperdicies tu precioso tiempo.

No dudes en atar cualquier espíritu maligno que te atormente durante la oración y el ayuno. No le pidas a Dios que se encargue de ellos. El te ha dado autoridad para encargarte de ellos. No temas. Háblales directamente a los demonios. Atalos en el nombre de Jesús. Mándales que quiten sus manos de tu familia, de tu negocio, de tu casa.

Satanás sabe que no tiene derecho de interrumpir las actividades de mi hogar. El sabe que los miembros de mi familia están cubiertos por la sangre de Jesús. El sabe que él no pertenece a nuestra casa. El sabe a Quien pertenecemos. El no tiene derecho de tocarnos, y yo no tengo temor de él.

Pon tu mente en Dios.

Debido a que el propósito de Satanás es poner nuestra mente en él y sus actividades, lo más importante que tú puedes hacer es poner tu mente en Dios. Sé consciente de Su presencia contigo. Sé consciente de su obrar en tu vida. Si tú simplemente te sientas y dejas vagar a tu mente, mientras Dios está tratando de hablarte, nunca conocerás lo mejor que el quiere para tú vida. Si tú permites a tu mente vagar, Dios nunca podrá revelarte esas cosas mejores que El ha preparado para ti.

La oración es una conversación en dos direcciones. Nosotros hablamos a Dios y Dios nos habla a nosotros. Cuando Dios te está hablando, no debes estar pensando en el marcador de tu juego favorito de fútbol o en la ganga del restaurant de la esquina.

Algunas personas pueden en realidad citar versos bíblicos, repetir la oración «Nuestro Padre,» o hacer cualquier otra cosa religiosa y, al mismo tiempo, estar pensando en las cosas más mundanas de la vida.

APRENDE A SENTIR LA PRESENCIA DE DIOS.

Muchas personas no pueden obtener respuesta a sus oraciones porque no pueden sentir Su presencia; y ¿cómo puedes conversar eficazmente con El — si no puedes ni siquiera sentir Su presencia? Estas personas no pueden visualizarle; ¿cómo pueden hablar íntimamente con El?

Muchas personas, cuando piensan sobre Jesús, se hacen un cuadro de El en la cruz de la agonía. Lloran por El. Piden por misericordia para El. Le piden al Padre tener compasión de Jesús. Y por ello, no pueden llegar más allá en sus oraciones. ¿Cómo puede Jesús ayudarnos si El mismo está en agonía?

Debemos saber que Jesús fue colgado en la cruz por un espacio de tiempo muy corto. Estuvo en la tumba por un breve tiempo. El venció a la muerte. El venció la cruz. El venció la tumba. El está vivo. El no está en la cruz. Mírale triunfante. Mírale reinando.

Mira a Jesús. Mira su rostro. Háblale. Cuéntale tus problemas. Dile tus confidencias. Deja al descubierto tu alma ante El.

No pienses en Jesús como si se pareciera a alguna pintura que miraste y te gustó. El no se compara a nada que el ser humano alguno haya podido capturar con un pincel.

Mira al Jesús de la Biblia, no al Jesús del mito popular. El es el Rey de la Gloria. El es Señor de todo. Ante Su presencia, los ángeles se postran y dicen: «*Hosanna al Cordero de Dios*». Mira al Dios viviente, y recibe de Su mano.

Mantente firme durante los primeros días.

Sé firme durante los primeros días de tu ayuno. Son los más difíciles. Es durante estos días que muchas personas se rinden. Si tu tienes una carga genuina por los perdidos, si deseas ver a los drogadictos liberados y ver a nuestra sociedad cambiada por el poder de Dios, seguirás adelante. Sé firme. Cuando estos primeros días hayan pasado, se hace más fácil ayunar.

Sé consciente de las necesidades especiales.

Algunas personas necesitan alejarse de todos mientras ayunan. Las actividades normales de la casa podrían distraer su concentración. No necesitas irte lejos o pasar mucho tiempo. Muchas iglesias tienen cuartos que no se usan y que podrían servir de lugar de oración.

ORACIÓN Y AYUNO

A veces necesitamos apartarnos a un lugar privado. Mi esposa me alienta cuando siento esta necesidad. Ella comprende.

Algunas personas necesitan tener tiempo fuera de sus trabajos para buscar el rostro de Dios. Si podemos tener tiempo libre de vacaciones, por la temporada de caza, o simplemente trabajar en casa por unos pocos días, ¿por qué no hacerlo por el bienestar de nuestras almas?

Si tú estás casado, **considera el hecho de no dormir con tu esposa mientras ayunas**. Niégate a la carne.

> *No os neguéis el uno al otro, a no ser por algún tiempo de mutuo consentimiento, para ocuparos sosegadamente en la oración; y volved a juntaros en uno, para que no os tiente Satanás a causa de vuestra incontinencia.* 1 Corintios 7:5

Ponte de acuerdo con tu esposa para un período de abstinencia de la relación física con el propósito de buscar a Dios. Esto no lastimará tu relación. La fortalecerá.

TOMA ABUNDANTE AGUA MIENTRAS AYUNAS.

Tu cuerpo puede pasar mucho tiempo sin alimento, pero sólo unos días sin los líquidos apropiados. Debido a que no estarás ingiriendo los líquidos normalmente contenidos en muchos alimentos, toma mucha agua mientras ayunas. Empieza a beberla más, aun antes de que empieces. Te ayuda a eliminar las impurezas de tu sistema.

Un ayuno es una buena oportunidad para librarte de tu ansioso deseo por el azúcar. Muchos de nosotros somos adictos a los dulces. Y beber mucha agua te va a ayudar a vencer esta ansiedad. Poner algo de limón o lima en el agua puede ayudar.

Cuando vayas al baño a orinar y tu orina se vea muy amarilla, no te preocupes. Esto muestra que tu cuerpo está eliminando todas la impurezas de tu sistema.

USA TU INTELIGENCIA CUANDO TU AYUNO HAYA CONCLUIDO.

Cuando tu ayuno haya terminado y empieces a comer normalmente otra vez, usa tu inteligencia. Algunas personas hacen cosas increíbles. Durante su ayuno, guardan todo el alimento que hubieran comido y se lo comen más tarde. Luego de que terminan el ayuno, se embuten todo ello y destruyen todos los beneficios que habían obtenido del ayuno.

Comienza a comer despacio, no todo de una vez. Y aprovecha la oportunidad para desarrollar mejores y más saludables hábitos de comer. Ahora que tienes a la carne bajo control, esto será más fácil de hacer.

CAPÍTULO 18

LOS FRUTOS PRODUCIDOS POR LA ORACIÓN Y EL AYUNO (RESULTADOS)

En el curso de nuestra búsqueda de la verdad acerca de la oración y el ayuno, hemos descubierto muchos de los beneficios o resultados de esta práctica cristiana.

La oración y el ayuno nos permiten conquistar a la carne y los deseos egoístas de nuestra era y caminar en el Espíritu de Dios. La oración y el ayuno nos hacen sensibles para oír la voz de Dios de manera que podamos obtener la dirección que necesitamos para nuestras vidas. La oración y el ayuno abren nuestros espíritus a lo sobrenatural y nos dan el poder y la unción para realizar las obras de Dios. La oración y el ayuno agudizan nuestra capacidad de esperar de manera que cuando le pedimos algo a Dios, esperamos recibir una respuesta. La oración y el ayuno nos preparan para los desafíos de la vida, cualquiera que éstos pudieran ser. La oración y el ayuno nos permiten adoptar un estilo de vida más saludable y nos traen salud y sanidad física y mental (ver Salmo 35:13).

Muchas veces la confusión, la ansiedad y la perplejidad desaparecen después de que una persona ha ayunado genuinamente y ha buscado el rostro de Dios. La oración y el ayuno renuevan nuestras mentes. Para aquellos que quieren alcanzar crecimiento a través del conocimiento de la Palabra de Dios, el ayuno puede ayudar. La confianza de estar en la verdad también viene después del ayuno y la oración.

Los patriarcas fueron los que primero descubrieron el ayuno. Ayunaban cuando tenían malas noticias, tales como tiempos de luto, pena, y aflicción. Por ejemplo, el caso de Abraham por su esposa Sara (Génesis 23:2) y aquel de Jacob por José (Génesis 37:34). Josué y los ancianos de Israel permanecieron postrados ante el arca desde la mañana hasta la tarde sin comer después de que los israelitas fueron vencidos por los hombre de Hai (Josué 7:6). Los israelitas, percibiendo el poder ser apresados por los filisteos, se congregaron delante del Señor en Mizpa y ayunaron en Su presencia hasta la tarde (1 Samuel 7:6). En todas estas ocasiones, el pueblo de Dios fue reconfortado y recibió dirección divina. Isaías confirma que el ayuno te libra de pesadas cargas (Isaías 58:6).

En la iglesia primitiva, los creyentes ayunaban por mucho más que el luto, pena o aflicción.

Por ejemplo, ellos ayunaban para poder tomar buenas decisiones (Hechos 14:23). Los apóstoles designaban a los ancianos y oraban con ayuno por ellos. El profeta Daniel también oró y ayunó por sabiduría y la recibió (Daniel 10). La persona que no consulta con Dios en asuntos de decisión podría estar sujeto a un juicio pobre.

Hay tantas otras bendiciones que traen la oración y el ayuno. Entre ellas tenemos:

La oración y el ayuno traen avivamiento y transformación. Durante la historia, las iglesias se han avivado y transformado; las ciudades han sido avivadas; sociedades enteras han sido avivadas —a través de oración y ayuno serios. El estado de nuestras naciones no puede ser cambiado meramente a través del proceso político. El cambio requiere guerreros comprometidos y dedicados que sepan cómo tratar con los poderes espirituales que no se ven y que nuestros ojos naturales no pueden reconocer. Este conocimiento viene sólo a través del ayuno y la oración.

El mundo entero se regocija con la caída del comunismo y su mala influencia. Pero contrariamente a la opinión popular, este gigante no cayó debido a la presión política europea, sino como resultado del profundo compromiso de unos pocos creyentes dedicados que se dieron a sí mismos a la oración y al ayuno y al estudio de los principios de Dios para resistir con éxito al Enemigo.

El ayuno trae protección. Cuando eres fiel en buscar a Dios en oración y ayuno y en comprometer

tus caminos a El, El te protegerá de todo enemigo.

El ayuno puede introducirte con éxito en un
nuevo proyecto o nuevo ministerio (Hechos 13).
Cuando emprendemos cualquier nuevo esfuerzo
dentro de esto, estamos asegurados de la mano
de Dios en todo lo que hacemos. Jesús empezó Su
ministerio a través de la oración y el ayuno (Mateo
4:2). ¡Cuánto más nosotros necesitamos hacer lo
mismo! Los hombres de negocios deberían utilizar este método para lanzar nuevos esfuerzos de
negocio y para resolver las situaciones difíciles en
sus negocios presentes. Las situaciones complejas
a menudo se resuelven después de la oración y el
ayuno. Los jóvenes deberían utilizar el ayuno y
la oración para empezar sus carreras. Los estu-
diantes deberían orar y ayunar antes de elegir los
cursos para estudiar.

La oración y el ayuno nos ayudan a entender
los caminos de Dios. Y, debido a que El no hace
las cosas de la misma manera cada vez, a veces
tenemos dificultad en entenderle. El mañana en
Dios podría ser muy diferente al presente. La oración y el ayuno cambian la manera en que perci-
bimos las cosas. Empezamos a pensar más como
piensa Dios, y así podemos adaptarnos mejor a
Sus caminos perfectos.

Quizás lo más importante de todo, la oración
y el ayuno nos acercan más a Dios. El es Espíritu.
Negarle a la carne sus deseos por un lapso de
tiempo parece inclinar el balance de poder en

nuestras vidas hacia el lado espiritual. Y el resultado es que estamos cerca de Dios y nos parecemos más a El. Aquellos que oran y ayunan tienen un nuevo odio hacia lo injusto y un nuevo deseo por Dios, Su Palabra y las cosas del Espíritu.

MI ORACIÓN POR TI

Amigo, déjame preguntarte: ¿Cuándo fue la última vez que buscaste el rostro de Dios en ayuno y oración? Si eres honesto, reconocerás tu necesidad de la gracia de Dios. Vamos a creer en Dios juntos mientras oramos.

Padre celestial,

Te pido que la unción del Espíritu Santo repose con fuerza sobre las palabras de este libro. Estas son Tus palabras. Que cada palabra repose en los corazones de Tu pueblo. Y que cada creyente sea movido a ponerlo por obra.

Ayuda a cada creyente a hacer un compromiso de recibir lo que Tu has hablado y para aplicarlo a la vida diaria.

¡Fortalece a Tu pueblo! ¡Anima a tu pueblo! Haz que Tu pueblo se levante como una armada poderosamente preparada que vaya adelante con Tu poder.

ORACIÓN Y AYUNO

Danos poder para vencer los apetitos que se empeñan en tomar control sobre la vida espiritual. Danos propósito y dirección para seguirte desde este día en adelante.

En el nombre de Jesús oro; y Te agradezco por Tu respuesta.

¡Amén!

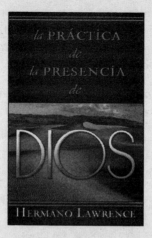

La Práctica de la Presencia de Dios
Hermano Lawrence

El hermano Lawrence fue un hombre humilde que
describió el grandísimo secreto de vivir el Reino de
Dios aquí en la tierra. El arte de "practicar la presencia
de Dios de una manera constante." Él afirmó repetidas
veces que es Dios quien se dibuja en lo más recóndito
de nuestra alma. Sólo debemos abrir nuestro corazón
para recibir a Dios y a su presencia amorosa. Por casi
trescientos años, este inigualable clásico ha aportado
instrucción y bendición a quienes no se contentan sino
con el conocimiento de Dios en toda su majestad y la
certeza de su amorosa presencia cada día.

ISBN: 978-0-88368-012-4 • Rústica • 96 páginas

www.whitakerhouse.com

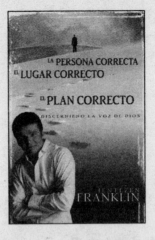

La Persona Correcta, el Lugar Correcto, el Plan Correcto:
Discerniendo la voz de Dios
Jentezen Franklin

¿Qué haré con mi vida? ¿Tomó este empleo?
¿Debo invertir dinero en esta oportunidad? ¿Con quién
me casaré? ¿Qué tiene que decir Dios de todo esto?

Dios le ha otorgado un don increíble al corazón de cada
creyente. Él le ha dado a usted una brújula interna para
ayudarle a guiar su vida, su familia, sus hijos, sus finanzas
y mucho más. Jentezen Franklin revela cómo, por
medio del Espíritu Santo, penetrar en el corazón
y la mente del Altísimo.

ISBN: 978-0-88368-798-7 • Rústica • 208 páginas

www.whitakerhouse.com